全国中等职业学校商务文秘专业教材

统计与会计基础知识（第三版）习题册

主编　李玉玲

中国劳动社会保障出版社

简介

本书为全国中等职业学校商务文秘专业教材《统计与会计基础知识（第三版）》的配套习题册。

本书题型设计多样，包括填空题、判断题、单项选择题、多项选择题、名词解释、简答题、实训题等，编写时力求充分体现教材的重点和难点，能够反映实际工作中接触的具体问题，使学生能够通过训练进一步掌握知识，理解原理，提高解决实际问题的能力。

本书由李玉玲任主编。

图书在版编目（CIP）数据

统计与会计基础知识（第三版）习题册 / 李玉玲主编. -- 北京：中国劳动社会保障出版社，2020

全国中等职业学校商务文秘专业教材

ISBN 978-7-5167-4427-7

Ⅰ. ①统⋯ Ⅱ. ①李⋯ Ⅲ. ①统计学 – 中等专业学校 – 习题集②会计学 – 中等专业学校 – 习题集 Ⅳ. ①C8-44②F230-44

中国版本图书馆 CIP 数据核字（2020）第 184597 号

中国劳动社会保障出版社出版发行

（北京市惠新东街 1 号 邮政编码：100029）

*

北京市艺辉印刷有限公司印刷装订 新华书店经销

787 毫米 ×1092 毫米 16 开本 5.5 印张 110 千字

2020 年 10 月第 1 版 2020 年 10 月第 1 次印刷

定价：12.00 元

读者服务部电话：（010）64929211/84209101/64921644

营销中心电话：（010）64962347

出版社网址：http://www.class.com.cn

http://jg.class.com.cn

目 录
CONTENTS

第一章 统计概述

一、填空题

1. 统计一词包括____________、____________、____________三个方面的含义。

2. 统计有____________、____________、____________三大职能。

3. 统计的研究对象是______________________________，它主要具有____________、____________、____________等特点。

4. 统计研究一般包括_________、_________、_________、_________、________等阶段。

5. 统计总体是指由许多客观存在、性质相同的________构成的________。

6. 总体单位是指____________________，它是各项统计资料最________与最________的提供者。

7. 标志按其性质不同分为____________、____________两大类。

8. 指标按其反映总体的特征不同分为________________、________________，其中________________表现为绝对数。

二、判断题（判断正误并在括号内填写“√”或“×”）

1. 统计在宏观管理与监控、微观经营与管理方面都具有重要作用。（　　）
2. 学习和掌握一些统计方法对人们的工作和生活都会有一定帮助。（　　）
3. 统计指标就是指一些数字。（　　）
4. 指标与标志随着研究目的的变化而变化。（　　）
5. 用文字表述的指标是质量指标。（　　）
6. 用数值表述的指标是数量指标。（　　）
7. 数量标志之和即数量指标。（　　）
8. 可变的数量标志或同名指标又称为变量。（　　）
9. 离散型变量能否取小数取决于人的主观意志。（　　）
10. 变异普遍存在于客观事物中。（　　）

三、单项选择题

1. 在统计三个方面的含义中，（　　）是基础。

A. 统计科学　　B. 统计资料
C. 统计工作　　D. 统计数据

2.（　　）是统计总体形成的基础。

A. 同质性　　B. 大量性　　C. 变异性　　D. 具体性

3. 要调查研究某校学生对学校食堂的意见和要求，总体是（　　）。

A. 该校的所有学生　　B. 该校的所有食堂
C. 该校所有学生的意见　　D. 该校所有学生的要求

4. 要调查某地区农民工的生活状况，总体是（　　）。

A. 该地区全部农民工　　B. 该地区全部农民工的家庭
C. 该地区全部农民工的数量　　D. 该地区全部农民工的工资

5. 要调查某班学生的学习状况，总体单位是（　　）。

A. 该班每位学生的成绩　　B. 该班每位学生的出勤天数
C. 该班每位学生　　D. 该班全部学生

6. 某商场职工林彤的月工资额为 2 800 元，该月工资额是（　　）。

A. 数量指标　　B. 质量指标
C. 数量标志　　D. 品质标志

7. 随机抽取某校文秘专业 5 名学生专业课考核成绩，分别为 95 分、87 分、93 分、76 分、68 分，这五个数值是（　　）。

A. 标志　　B. 变量
C. 指标　　D. 变量值或标志值

8. 某班某小组 3 名学生的综合考核分数分别为 89 分、90 分、96 分，这三个数值是三个（　　）。

A. 变量　　B. 标志　　C. 变量值　　D. 指标值

9. 一个总体单位可以有（　　）。

A. 一个标志　　B. 多个标志
C. 一个指标　　D. 多个指标

四、多项选择题

1. 统计研究中常用的几组概念是（　　）。

A. 总体与总体单位　　B. 指标与标志
C. 连续型变量与离散型变量　　D. 变异

2. 统计总体具有（　　）。

A. 差异性　　B. 具体性　　C. 大量性　　D. 同质性

3. 下列属于品质标志的有（　　）。

A. 姓名　　B. 性别　　C. 年龄　　D. 住址

4. 下列标志中属于数量标志的有（　　）。

A. 商品的使用年限
B. 工资级别
C. 考试分数
D. 学生所学专业

5. 下列属于数量指标的有（　　）。
A. 销售额
B. 销售费用额
C. 销售费用率
D. 人均销售额

6. 统计指标具有（　　）。
A. 综合性
B. 具体性
C. 数量性
D. 同质性

7. 研究某企业职工的工资水平时，“月工资额”对于每位职工而言是（　　）。
A. 数量标志
B. 数量指标
C. 变量
D. 连续型变量

8. 研究某地区职工的工资水平时，“年人均工资额”是（　　）。
A. 数量标志
B. 数量指标
C. 质量指标
D. 变量

9. 研究某班 40 名学生的基本情况时，（　　）。
A. 该班全部学生是总体
B. 每位学生是总体单位
C. 人均月生活费 500 元是数量标志
D. 某位学生某月生活费 400 元是数量标志

10. 下列属于连续型变量的是（　　）。
A. 年龄
B. 工资额
C. 家庭人口
D. 日产量

五、名词解释

1. 统计工作

2. 统计资料

3. 统计学

4. 统计研究对象的数量性

5. 统计研究对象的总体性

6. 统计研究对象的具体性

7. 标志

8. 标志表现

9. 统计指标

10. 离散型变量

六、简答题

1. 简述统计三个方面的含义及其相互关系。

2. 简述统计指标与标志的区别和联系。

七、实训题

某企业集团下属三家分公司 2018 年实现利润总额合计 300 万元，其中一公司 120 万元，二公司 80 万元，三公司 100 万元。分析回答这个具体问题中的统计总体、总体单位、统计指标、标志、变量、变异分别指什么。

第二章 统计调查

一、填空题

1. 统计调查是统计研究的____________，担负着提供________________的任务。

2. 统计调查是指取得________________资料的工作过程。

3. 在统计调查方式中，属于全面调查的有____________、____________，属于非全面调查的有____________、____________、____________和____________。

4. 统计调查的方法主要有__________、__________、__________、__________。

5. 抽样调查从应用方面来看有______________、______________、______________、______________等特点。

6. 典型单位是以________________________________为标准确定的。

7. 重点单位是以____为标准确定的。

8. 一份调查问卷一般包括____________、____________、____________三个部分。

二、判断题（判断正误并在括号内填写“√”或“×”）

1. 定期统计报表制度对国家而言很重要，对基层单位不重要。 （ ）

2. 调查单位与总体单位是一致的。 （ ）

3. 调查单位与填报单位是一致的。 （ ）

4. 保证调查质量仅仅是专业调查人员的事情。 （ ）

5. 在非全面调查中，最为完善的调查方式是抽样调查。 （ ）

6. 抽样调查中的调查单位是随机抽取的。 （ ）

7. 典型调查、重点调查中的调查单位完全是主观选取的。 （ ）

8. 直接观察法可应用于任何一项调查中。 （ ）

9. 一个调查项目只能用一种调查方法。 （ ）

10. 一份调查方案中只能包括六大项内容。 （ ）

11. 调查时间和调查期限是指同一项内容。 （ ）

12. 问卷调查被广泛采用是因为其简单、灵活，便于操作。 （ ）

13. 问卷调查的质量不容易把握。 （ ）

14. 调查一所学校学生的基本情况只能用普查法。 （ ）

三、单项选择题

1. (　　) 属于第一手统计资料。

A. 从网上下载的统计数据　　B. 从报刊上摘抄的统计资料

C. 从专业统计机构获得的统计资料　　D. 访问客户所得到的统计数据

2. 区分全面调查与非全面调查的标准是 (　　)。

A. 资料是否齐全　　B. 调查项目的多少

C. 调查单位的多少　　D. 是否包括了全部调查单位

3. 对于一些需要全面资料而又不能或没有必要进行全面调查的项目，可采用 (　　)。

A. 定期报表　　B. 抽样

C. 重点调查　　D. 典型调查

4. 对农作物的生长状况进行调查时，最适宜的方法是 (　　)。

A. 直接观察法　　B. 报告法

C. 问卷法　　D. 采访法

5. 以下各项中适宜采取开调查会的是 (　　)。

A. 调查某企业的客户状况　　B. 调查某企业的发明专利

C. 调查某董事会成员的股份　　D. 调查某企业的长期规划

6. 调查了解我国石油工业的基本情况适宜采用 (　　)。

A. 典型调查　　B. 重点调查

C. 抽样调查　　D. 普查

7. 调查单位与总体单位在 (　　) 中的数量是一致的。

A. 抽样调查　　B. 重点调查

C. 典型调查　　D. 普查

8. 调查项目的确定应以 (　　) 为原则。

A. 越多越好　　B. 越少越好

C. 容易搜集资料　　D. 少而精、需要与可能相结合

四、多项选择题

1. 统计调查在统计研究中是 (　　)。

A. 基础环节　　B. 承前启后的环节

C. 取得总体资料的工作过程　　D. 取得总体单位资料的工作过程

2. 普查的特点有 (　　)。

A. 一次性全面调查　　B. 资料全面系统、详细准确

C. 费用多、成本高　　D. 不适合基层单位

3. 典型调查中的“典型”是 (　　)。

A. 随机选定的　　B. 人为选取的

C. 较好的单位　　D. 同类事物中具有代表性的单位

4. 重点单位是指（　　）。

A. 总体中的一个单位　　B. 总体中的少部分单位

C. 数量占较大比重的单位　　D. 标志值占较大比重的单位

5. 定期报表制度的优点是（　　）。

A. 及时　　B. 全面　　C. 准确　　D. 有法可依

6. 某学校对全体师生进行了一次体检，则每位教师和学生是（　　）。

A. 调查项目　　B. 调查对象

C. 调查单位　　D. 调查项目的承担者

7. 对某市某区工业企业设备的利用情况进行普查，则（　　）。

A. 调查对象是该区所有的工业企业

B. 调查对象是该区工业企业的所有设备

C. 调查单位是每一台设备

D. 填报单位是每一台设备

8. 调查了解某校学生的基本情况可采用（　　）法。

A. 普查　　B. 定期报表

C. 抽样调查　　D. 典型调查

9. 调查问卷按照提问方式不同分为（　　）。

A. 开放型问卷　　B. 封闭型定类问卷

C. 封闭型定序问卷　　D. 封闭型定距问卷

10. 影响问卷调查效果的因素有（　　）。

A. 问卷设计的科学合理性　　B. 被调查者的配合程度

C. 调查者的经验和诚意　　D. 法律健全程度

五、名词解释

1. 统计调查

2. 普查

3. 抽样调查

4. 报告法

5. 报告单位

6. 调查项目

7. 调查时间

六、简答题

1. 如何确定调查目的和任务?

2. 如何确定调查项目和调查表?

3. 设计问卷主体时应注意哪些问题?

七、实训题

某企业集团 2018 年 12 月 10 日向下属各个公司发放调查表，对职工的文化程度进行调查，要求每一位职工填报 2018 年年底本人的姓名、性别、年龄、工龄、岗位、技术等级、学历等内容。

要求：

1. 依据不同的标准分析说明此项调查属于哪一种调查。
2. 说明此项调查中的调查对象、调查单位、报告单位。
3. 根据上述资料设计一份调查表。

第三章　统计整理

一、填空题

1. 统计整理既是__________的继续，又是__________的前提，它是统计研究过程中__________的一个环节。

2. 调查资料的审核主要是审核__________资料的__________、__________、__________。

3. 统计分组的首要工作是____________________。

4. 统计分组要同时满足__________、__________、__________的原则。

5. 分组体系有__________、__________两种类型。

6. 分配数列有__________、__________两种。

7. 变量分配数列有__________、__________两种。

8. 组距有__________、__________两种。

9. 统计汇总的方式有__________、__________、__________、__________等几种。

10. 常用的手工汇总方法有__________、__________、__________、__________。

11. 表现统计资料的主要方式有__________、__________。

12. 统计表从外观上看由__________、__________、__________、__________等要素构成。

13. 统计表按照总体是否分组及分组的程度不同可分为__________、__________、__________。

14. 常见的统计图有__________、__________、__________、__________等几种类型。

15. 统计图由__________、__________、__________三大要素构成。

二、判断题（判断正误并在括号内填写“√”或“×”）

1. 审核原始资料是统计整理必要的工作程序。（　）

2. 对审核原始资料时发现的错误或可疑之处，审核人可代为更正。（　）

3. 各组的分组界限应根据人们的实际需要进行确定。（　）

4. 品质分配数列由各组名称、各组次数（频数）、各组频率（比重）三个要素构成。（　）

5. 变量分配数列由各组变量值、各组次数（或频率）两个要素构成。（　　）

6. 变量分配数列中，按照变量值从小到大的顺序依次累计各组次数称为向上累计。（　　）

7. 组中值是一个确切的数值。（　　）

8. 总体未经分组的统计表只有两种情况。（　　）

9. 按照一个标志对总体进行分组的统计表称为简单表。（　　）

10. 选择两个以上标志分组的统计表称为复合表。（　　）

11. 所有的表格都可称为统计表。（　　）

12. 为了统计图、统计表的美观，应在纸面的四周留有适当的空白和距离。（　　）

13. 多数统计图的图式由直角坐标系、尺度、分组或年份、几何图形构成。（　　）

三、单项选择题

1. 统计分组所分的对象是（　　）。

A. 总体　　B. 总体单位

C. 指标　　D. 标志

2. 区分简单平行分组体系与复合分组体系的主要依据是（　　）。

A. 分组标志的多少　　B. 分组标志的性质

C. 表格是否复杂　　D. 是否层叠分组

3. 统计分组时，5%~10%、10%~20% 两组中的 10% 通常放在 10%~20% 这组中，这是为了满足（　　）的原则。

A. 组内有同质性　　B. 组间有差异性

C. 好记　　D. 不重不漏

4. 如果变量值的变动范围大，则适合编制（　　）。

A. 异距离数列　　B. 等距离数列

C. 单项式变量分配数列　　D. 组距式变量分配数列

5. 编制组距式变量分配数列时，对于连续型变量，相邻两组的上下限一般应（　　）。

A. 重叠　　B. 不重叠

C. 是顺序两个变量值　　D. 是顺序两个自然数

6. 变量分配数列最大组、最小组是否开口取决于（　　）。

A. 变量值的个数　　B. 变量的个数

C. 变量的大小　　D. 变量值的变动范围

7. 向上累计次数或频率是指（　　）。

A. 按书写习惯从上向下累计

B. 按阅读书写习惯从左向右累计

C. 按变量值的大小从小向大累计

D. 按变量值的大小从大向小累计

8. 手工汇总总体单位数量时适合采用（　　）。

A. 划记法　　B. 过录法

C. 折叠法　　D. 卡片法

9. 统计表的主词一般放在（　　）位置。

A. 表中上端中央　　B. 表内左边

C. 表内右上方　　D. 表内右下方

10. 统计图中的图例必须放在图中（　　）的位置。

A. 上边　　B. 下边

C. 左边或右边　　D. 与整幅图相协调

11. 统计整理的步骤主要有：①分组；②汇总；③制作图表；④审核资料。其先后顺序是（　　）。

A. ①②③④　　B. ②①③④

C. ③①②④　　D. ④①②③

四、多项选择题

1. 统计分组应同时保证（　　）。

A. 组内的同质性　　B. 组间的差异性

C. 分组的完整性　　D. 归属的唯一性

2. 对于在原始资料审核中发现的严重错误，其处理方法是（　　）。

A. 代为更正　　B. 通知原单位复查更正

C. 退还原单位重报　　D. 查明原因，追究责任

3. 选择分组标志的原则有（　　）。

A. 选择与研究目的有关联的标志　　B. 选择能反映事物本质特征的标志

C. 要注意具体的历史条件　　D. 选择品质标志

4. 一个等距离闭口式数列具有（　　）的特点。

A. 各组上下限之差相等　　B. 最小组缺少下限

C. 最大组缺少上限　　D. 每个组均有上下限

5. 一个连续型开口式数列具有（　　）的特点。

A. 依据连续型变量分组　　B. 各组上下限一般应重叠

C. 每个组均有上下限　　D. 一个或两个组缺少上限或下限

6. 组距式变量分配数列中影响各组次数多少的因素是（　　）。

A. 分组标志的性质　　B. 组数的多少

C. 组距的大小　　D. 变量值的大小

7. 组距式变量分配数列包括（　　）。

A. 品质分配数列　　B. 变量分配数列

C. 等距离数列　　D. 异距离数列

8. 依据下列变量所编制的组距数列中，各组上下限适宜用两个顺序自然数的有（　　）。

A. 工人人数（人）　　B. 日产量（件）

C. 班级数量（个）　　D. 工龄（年）

9. 向上累计次数或频率可以表明（　　）。

A. 某组的次数及比重　　B. 某组及以下的累计次数

C. 某组及以下累计次数所占的比重　　D. 某组及以下变量值的数量或比重

10. 组中值的计算公式是（　　）。

A.（本组上限 + 本组下限）÷ 2　　B. 本组上限 −1/2 本组组距

C. 本组组距 −1/2 邻组组距　　D. 本组下限 +1/2 邻组组距

11. 变量分配数列中的各组可用（　　）表示。

A. 一个变量　　B. 一个变量值

C. 多个变量　　D. 多个变量值

12. 调查了解某校学生的基本情况可采用（　　）方式进行资料汇总。

A. 逐级汇总　　B. 集中汇总

C. 综合汇总　　D. 会审汇编

13. 广义的统计表包括（　　）。

A. 所有的表格　　B. 整理汇总表

C. 计算分析表　　D. 调查表

14. 根据总体的分组程度不同，统计表可分为（　　）。

A. 简单表　　B. 简单分组表

C. 单一表　　D. 复合分组表

15. 要用统计图表现某企业 2016—2020 年实际利润的变化情况，可选择的图形有（　　）。

A. 柱形图　　B. 条形图

C. 线形图　　D. 圆形图

五、名词解释

1. 统计整理

2. 统计分组

3. 品质分配数列

4. 变量分配数列

5. 组中值

6. 统计汇总

7. 统计表

8. 简单表

9. 复合表

10. 统计图例

六、简答题

1. 简述统计整理的意义和主要步骤。

2. 简述统计分组的步骤。

3. 简述变量分配数列的编制步骤和注意事项。

4. 统计表的设计应注意哪些问题?

5. 统计分组的主要作用有哪些?

七、实训题

1. 某学校文秘专业 36 名毕业生的基本情况见表 3-1。

表 3-1　　某学校文秘专业毕业生基本情况

序号	性别	年龄	就业单位	序号	性别	年龄	就业单位
1	男	18	物流企业	19	男	20	制造企业
2	女	18	物流企业	20	男	17	餐饮企业
3	女	17	制造企业	21	女	18	交通企业
4	男	19	餐饮企业	22	女	20	制造企业
5	女	17	交通企业	23	女	17	物流企业
6	女	20	餐饮企业	24	男	19	物流企业
7	女	17	制造企业	25	女	19	物流企业
8	男	17	制造企业	26	女	20	制造企业
9	女	18	餐饮企业	27	女	19	餐饮企业
10	女	20	交通企业	28	男	18	交通企业
11	男	19	餐饮企业	29	男	17	物流企业
12	男	17	制造企业	30	女	19	制造企业
13	女	18	制造企业	31	女	18	交通企业
14	男	17	餐饮企业	32	女	17	交通企业
15	男	18	交通企业	33	男	18	物流企业
16	女	19	餐饮企业	34	女	20	餐饮企业
17	女	17	制造企业	35	男	19	餐饮企业
18	女	19	物流企业	36	女	18	交通企业

要求：

（1）选择两个标志对该专业毕业生的资料进行简单平行分组整理。

（2）设计制作一份简单平行分组表。

（3）选择两个标志对该专业毕业生的资料进行复合分组整理。

（4）设计制作一份复合分组表。

2. 某企业 48 名职工的月工资额（元）资料如下：

4 600　4 750　4 800　4 500　5 000　5 100　5 500　5 600　5 800　4 800　4 600
4 750　4 800　4 500　5 000　5 100　5 300　5 600　5 850　4 800　4 600　4 750
4 800　4 500　5 000　5 500　5 600　5 900　4 800　4 600　4 750　5 500　5 600
5 900　4 800　4 600　4 750　4 200　4 400　4 500　4 800　4 650　5 340　5 560
5 400　5 600　4 850　5 000

要求：

（1）编制组距式变量分配数列。

（2）绘制次数分布图。

3. 调查了解本班学生喜欢的午餐饭菜品种及希望的课后活动项目。

要求：

（1）制作一份调查方案。

（2）进行实际调查。

（3）整理调查资料。

（4）撰写一份简要的调查报告。

4. 某地区 2018 年国民经济与社会发展部分情况如下：

（1）初步核算，该地区全年地区生产总值 397 983 万元，比上年增长 10.3%。其中：第一产业增加值 40 497 万元，增长 4.3%；第二产业增加值 186 481 万元，增长 12.2%；第三产业增加值 171 005 万元，增长 9.5%。第一产业增加值占地区生产总值的比重为 10.2%，第二产业增加值的比重为 46.8%，第三产业增加值的比重为 43.0%。

（2）全年粮食产量 54 641 吨，比上年增加 1 559 吨，增产 2.9%。其中：夏粮产量 12 310 吨，减产 0.3%；早稻产量 3 132 吨，减产 6.1%；秋粮产量 39 199 吨，增产 4.8%。

要求：根据上述文字资料，设计制作相应的统计表及统计图。

5. 图 3-1 和图 3-2 反映了某地区近几年来的经济发展状况。

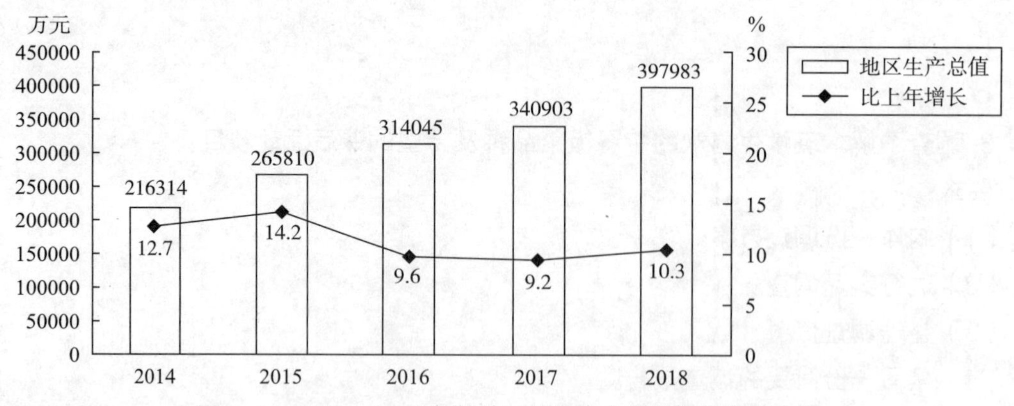

图 3-1　2014—2018 年某地区地区生产总值及其增长速度

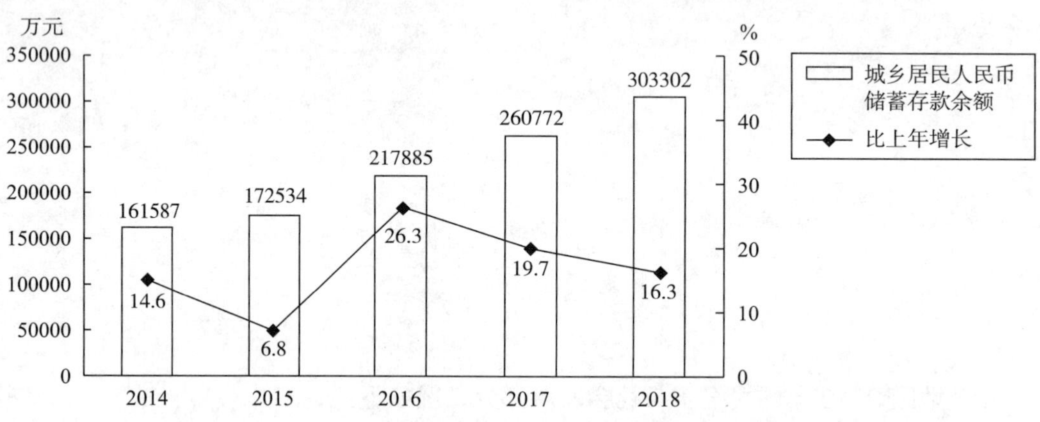

图 3-2　2014—2018 年某地区城乡居民人民币储蓄存款余额及其增长速度

要求：对上述统计资料进行文字说明。

第四章 统计综合指标

一、填空题

1. 总量指标按其所反映时间状况不同可分为____________、____________。

2. 相对指标的表现形式有__________、__________、__________、__________、____________、____________。

3. 百分数通常在分子分母的比值________________时使用。

4. 相对指标有__________、__________、__________、__________、__________、__________共六种。

5. 相对指标分子分母的可比性是指两者在__________、__________、__________、__________、__________、__________等方面应一致。

6. 平均指标有____________、____________、位置平均数三类。其中位置平均数包括__________、__________，它们最大的特点是____________________。

7. 算术平均数的计算方法有____________、____________、____________。

8. 总人口数中的男性人口数与女性人口数之比是____________相对数，男性人口数与总人口数之比是____________相对数，总人口数与相应的国土面积之比是__________相对数，两个不同时期的人口数之比是____________，两个国家同一时期人口数之比是________相对数。

9. 标志变异指标有__________、__________、__________、__________共四种。其中__________是相对数，__________是绝对数，__________、__________是平均数。

二、判断题（判断正误并在括号内填写“√”或“×”）

1. 总量指标是计算相对指标、平均指标的基础。（ ）
2. 综合指标包括了所有的统计指标。（ ）
3. 综合指标的大小随总体范围的增大而增大。（ ）
4. 时期指标相加有意义，而时点指标相加无意义。（ ）
5. 计算相对指标时，被研究现象的数值要放在分母位置上。（ ）
6. 分子数值比分母数值大时用倍数。（ ）
7. 计划完成百分数的计算结果以大于 100% 为超额完成计划。（ ）
8. 强度相对数和平均数的分子分母均可互换位置。（ ）

9. 各组结构相对数之和应等于或大于 100%。（ ）

10. 用反算法计算强度相对指标时，数值越大说明事物分布密度越大。（ ）

11. 对某人某事的评价用一种相对指标既简单又全面。（ ）

12. 平均指标代表性的强弱取决于总体内部的差异性。（ ）

13. 众数是出现次数最多的变量值而非次数。（ ）

14. 标志变异指标中的极差计算最简便，应用也最为广泛。（ ）

15. 离散系数数值大，说明总体各单位差别小，其平均数的代表性强。（ ）

三、单项选择题

1. 在统计分析中具有广泛综合性和概括能力的是（ ）。

A. 实物指标　　B. 劳动量指标

C. 价值指标　　D. 数列指标

2. 我国人口的年出生率适合使用（ ）作为计量单位。

A. 系数　　B. 倍数　　C. 百分数　　D. 千分数

3. 研究某地区餐饮业的经营状况时，（ ）。

A. 该地区所有餐饮业职工是总体

B. 该地区所有餐饮企业是总体

C. 该地区所有餐饮业职工人数是总体单位总量

D. 该地区每一个餐饮企业的职工人数是总体标志总量

4. 可用复名数表现的相对指标是（ ）。

A. 计划完成百分数　　B. 结构相对数

C. 强度相对数　　D. 比较相对数

5. 下列指标中，计划完成百分比小于 100% 为超额完成计划的是（ ）。

A. 煤炭消耗量　　B. 煤炭产量

C. 煤炭产值　　D. 煤炭销售利润

6. 计算中长期计划提前完成的时间时，下列跨年度计算中（ ）是正确的。

A. 2017 年 2 月 – 2018 年 2 月

B. 2017 年第 3、4 季度 + 2018 年第 3、4 季度

C. 2017 年 8 月 + 2018 年 1 至 11 月

D. 2017 年 6 月 – 2018 年 5 月

7. 甲班有学生 35 人，其中女生 20 人；乙班有学生 45 人，其中男生 25 人。那么 25 人 /20 人是（ ）。

A. 比例相对数　　B. 比较相对数

C. 比重　　D. 错误的计算

8. 下列相对指标中分子分母对调位置后结论相同的是（ ）。

A. 比例相对数　　B. 比较相对数

C. 强度相对数　　D. 以上都是

9. 计算平均数代表性的大小要分析（　　）。

A. 平均数的大小　　B. 变异指标的大小

C. 变量值的大小　　D. 各组次数的多少

10. 计算过程中易受极值影响的是（　　）。

A. 加权平均数　　B. 众数

C. 中位数　　D. 几何平均数

11. 在平均数不相等的情况下分析其代表性或均衡性，适宜用（　　）。

A. 极差　　B. 平均差

C. 标准差　　D. 离散系数

四、多项选择题

1. 下列属于总量指标的有（　　）。

A. 某班人数 45 人　　B. 平均成绩 85 分

C. 人均拥有活动器具 1.5 件　　D. 参加各种竞赛活动 20 场次

2. 总量指标（　　）。

A. 是反映现象在一定条件下总规模的指标

B. 是认识现象总体最基本的指标

C. 是计算相对指标和平均指标的基础

D. 可以表现为相对水平和平均水平

3. 下列属于时点指标的有（　　）。

A. 商品销售额　　B. 固定资产价值

C. 全年出生人数　　D. 12 月底存款额

4. 下列属于时期指标的有（　　）。

A. 某企业年度利润　　B. 某企业某月末商品库存量

C. 某企业本年新入职职工人数　　D. 某企业本年离职人数

5. 某企业计划全年劳动效率比上年提高 8%，实际提高 10%，则计划完成程度为（　　）。

A. 101.85%　　B. 98.18%

C. 超额 1.85% 完成计划　　D. 差 1.82% 未完成计划

6. 下列指标中不属于收入成果类指标的有（　　）。

A. 学习进度　　B. 学习时间

C. 费用额　　D. 费用率

7. 下列计划完成百分数中，超过 100% 越多表明计划完成越好的是（　　）。

A. 工期提前时间　　B. 商品损耗率

C. 全员劳动效率　　D. 商品销售额

8. 甲公司与乙公司上年的利润分别是 60 万元、80 万元，甲公司本年的利润是 80 万元，则（　　）。

A. 动态相对数为 100%　　B. 动态相对数为 133.3%

C. 比较相对数为 75%　　D. 比较相对数为 133.3%

9. 下列指标中属于结构相对数的有（　　）。

A. 出勤率　　B. 缺勤率

C. 不及格率　　D. 贫困人口比重

10. 下列指标中属于强度指标的有（　　）。

A. 某班人均拥有课外图书数量　　B. 某班人均使用作业本数量

C. 某地区人均粮食消费量　　D. 某地区人均粮食拥有量

11. 平均指标（　　）。

A. 反映现象的离散程度　　B. 反映现象的集中趋势

C. 是一个代表值　　D. 是一个特定条件下的具体数值

12. 在各组变量值一定的条件下，平均数的大小受（　　）的影响。

A. 总次数多少　　B. 各组次数多少

C. 各组次数占总次数比重　　D. 总体内部结构

13. 平均数的数值趋于（　　）组的变量值。

A. 次数较多　　B. 次数较少

C. 次数占比重大的　　D. 次数占比重小的

14. 加权算术平均数中的权数指（　　）。

A. 各组变量　　B. 各组变量值

C. 各组次数　　D. 各组次数的比重

15. 甲乙两家企业职工的总体平均工资相等，但是两家企业职工的实际工资水平有可能（　　）。

A. 一样　　B. 甲高于乙

C. 乙高于甲　　D. 上述三者皆有可能

五、名词解释

1. 总量指标

2. 时点指标

3. 相对指标

4. 结构相对数

5. 强度相对数

6. 平均指标

7. 标志变异指标

六、简答题

1. 总量指标的作用有哪些?

2. 从哪些方面能够区分强度指标和平均指标?

3. 计算和应用相对指标应注意哪些问题?

4. 平均指标的主要作用有哪些?

5. 计算和应用平均指标的原则有哪些?

6. 用标志变异指标如何测定和评价平均数的代表性?

七、实训题

1. 某企业计划本年第一季度单位成本比去年同期降低 5%，实际降低 3%，分析该企业是否完成了计划。

2. 某企业计划 2018 年年末某种产品的年产能力达到 500 吨。根据表 4–1 中的统计资料，分析计算该企业计划完成情况及提前完成计划时间。

表 4–1　　某企业某产品 2017—2018 年生产情况　　吨

年份＼月份	1	2	3	4	5	6	7	8	9	10	11	12	1—12
2017 年	30	30	31	31	31	33	32	33	35	36	36	38	396
2018 年	38	39	39	40	42	42	44	46	45	46	48	48	517

3. 某社区计划五年内累计绿化面积达到 20 000 平方米，实际每年的绿化面积统计资料见表 4–2，分析计算该社区计划完成情况及提前完成计划时间。

表 4–2　　某社区绿化面积　　平方米

年份	第一年	第二年	第三年	第四年	第五年	合计
绿化面积	5 000	4 500	5 500	5 000	2 000	22 000

4. 某专业 200 名学生专业课考核成绩见表 4-3，试用频数及频率计算其平均成绩。

表 4-3　某专业学生专业课考核成绩及平均成绩计算表

成绩（分）	人数 f（人）	人数比重（%）	组中值 x（分）	xf	$x(f/\sum f)$
(1)	(2)	(3)	(4)	(5)	(6)
60 以下	20	10			
60~70	45	22.5			
70~80	55	27.5			
80~90	60	30			
90~100	20	10			
合计	200	100			

5. 甲乙两家企业生产某种日用品的日产量见表 4-4，计算甲乙两家企业生产该种日用品的平均日产量，并从结构上分析两家企业平均日产量的不同。

表 4-4　甲乙企业某日用品日产量及平均日产量计算表

日人均产量 x（件 / 人）	甲企业		乙企业		各组日产量（件）	
	人数 f_1（人）	比重（%）	人数 f_2（人）	比重（%）	xf_1	xf_2
(1)	(2)	(3)	(4)	(5)	(6)	(7)
20	9		20			
22	12		30			
24	25		90			
25	11		35			
26	3		25			
合计	60		200			

6. 根据表 4–5 所示资料计算三种茶叶的平均等级。

表 4–5　　　　三种茶叶平均等级计算表

等级 x / 计算项	一	二	三	合计
销量比重 $f/\sum f$（%）	20	60	20	100
$xf/\sum f$				

7. 甲乙两个商店西瓜销售的统计资料见表 4–6，计算并分析两个商店西瓜平均销售价格不同的原因。

表 4–6　　　　甲乙两个商店西瓜销售统计资料及计算表

单价 x（元 / 千克）	销售额 M（元）		计算栏			
	甲	乙	甲商店销量 f_1（千克）	乙商店销量 f_2（千克）	$f_1/\sum f$	$f_2/\sum f$
（1）	（2）	（3）	（4）	（5）	（6）	（7）
2	8 000	10 000				
2.5	10 000	15 000				
4	5 000	20 000				
合计	23 000	45 000				

8. 某企业生产某种产品需要四道工序，每道工序的产品生产量、合格量见表 4–7，计算该产品的平均合格率。

表 4–7　　某产品生产量、合格量数据及平均合格率计算表

工序	第一道	第二道	第三道	第四道
生产量（套）	1 000	950	948	940
合格量（套）	950	948	940	939
合格率（%）				

9. 某企业职工的月工资资料见表 4–8，计算其算术平均数、中位数、众数。

表 4–8　　某企业职工月工资资料及平均指标计算表

月工资额（元）	人数 f（人）	组中值 x（元）	xf	向上累计 f
（1）	（2）	（3）	（4）	（5）
2 500~3 000	80			
3 000~3 500	140			
3 500~4 000	60			
4 000 以上	20			
合计	300			

10. 乙企业工人的平均工资为 5 050 元，标准差为 500 元，甲企业工人的工资资料见表 4–9，根据资料计算比较两家企业工人平均工资的代表性。

表 4–9　　甲乙企业工人工资资料及变异指标计算表

月工资（元）	人数 f（人）	组中值 x（元）	xf	$x-\bar{x}$	$(x-\bar{x})^2$	$(x-\bar{x})^2f$
(1)	(2)	(3)	(4)	(5)	(6)	(7)
4 000~4 500	20					
4 500~5 000	70					
5 000~5 500	80					
5 500 以上	30					
合计	200	—		—	—	

11. 根据表 4–10 所示资料计算比较甲乙两个地区工人平均月工资的代表性。

表 4–10　　甲乙两个地区工人平均月工资资料　　元 / 人

地区	甲		乙	
指标名称	平均月工资	标准差	平均月工资	标准差
指标数值	4 500	387	5 000	500

第五章 统计实务专题

一、填空题

1. 动态数列的两个构成要素是____________、____________。

2. 统计指数按其指标性质不同可分为____________、____________两种，按其计算方法不同可分为____________、____________、____________等。

3. 同度量因素在综合指数的计算中起____________和____________两方面作用。

4. 抽样推断的主要目的是______________________________。

5. 抽样的方法有____________和____________两种。

6. 抽样估计方法有____________和____________两种。

二、判断题（判断正误并在括号内填写“√”或“×”）

1. 在市场经济条件下，企业不需要任何计划。（ ）

2. 报告期是指最近的时期。（ ）

3. 定基发展速度等于各期环比增长速度的连乘积。（ ）

4. 定基增长速度与环比增长速度没有直接的换算关系。（ ）

5. 企业中长期计划是一种科学的预测。（ ）

6. 编制综合指数的关键是同度量因素及其时期的选择问题。（ ）

7. 因素分析的目的是测定现象总变动中各因素影响的方向和程度。（ ）

8. 如果市场物价上涨 4%，那么消费者用同样多的货币所购买的商品量将比基期下降 2%。（ ）

9. 与基期相比，某企业销售额持平，综合销售量下降，那么综合价格一定会下降。（ ）

10. 抽样调查只存在登记性误差。（ ）

11. 随机抽样是为了省时省力。（ ）

12. 抽样时每一个总体单位是否被抽中的机会是一样的。（ ）

13. 区间估计中的置信区间是一个绝对可靠的范围。（ ）

14. 提高了抽样推断的把握度，也就相对提高了推断结果的精确度。（ ）

15. 样本容量的多少对计算出的抽样平均误差有影响。（ ）

三、单项选择题

1. 企业中长期计划不包括（　　）。

A. 企业的年度利润计划　　B. 企业的投资计划

C. 企业的新产品开发计划　　D. 企业的市场战略计划

2. 下列选项中，（　　）年的指标只能作为基期数值。

A. 2015　　B. 2016

C. 2017　　D. 2018

3. 下列选项中，不属于速度分析指标的是（　　）。

A. 报告期水平 / 前期水平　　B. 报告期水平 / 固定基期水平

C. 报告期水平 – 基期水平　　D.（报告期水平 – 基期水平）/ 前期水平

4. 总速度不等于（　　）。

A. 相应各期环比发展速度的连乘积　　B. 最末水平 / 最初水平

C. 最末水平 – 最初水平　　D. 平均发展速度的 n 次方

5. 用数学模型推算出的数据不是一个（　　）。

A. 接近实际的数据　　B. 与实际有一定差距的数据

C. 绝对精确的数据　　D. 有参考价值的数据

6. 总指数的基本形式是（　　）。

A. 个体指数　　B. 综合指数

C. 平均法指数　　D. 平均数指数

7. 数量指标指数的同度量因素一般是（　　）。

A. 基期质量指标　　B. 报告期质量指标

C. 基期数量指标　　D. 报告期数量指标

8. 如果生活费用指数上涨 10%，则现在的 100 元钱相当于原来的（　　）元。

A. 110　　B. 90

C. 90.9　　D. 100

9. 抽样成数是（　　）相对数。

A. 比较　　B. 比例　　C. 结构　　D. 强度

10. 从 3 000 名学生中抽取 30 名学生调查，对于这 30 名学生，下列表述正确的是（　　）。

A. 每位学生称为样本　　B. 每位学生称为总体

C. 每位学生称为样本单位　　D. 30 名学生称为总体

11. 从 1 000 名职工中抽取 50 名职工调查计算出的指标称为（　　）。

A. 总体标志总量　　B. 总体单位总量

C. 样本单位总量　　D. 样本指标

12. 从 10 000 件产品中随机抽取 30 件组成一个样本，则样本的可能数目（　　）。

A. 小于 10 000　　B. 等于 10 000

C. 稍大于 10 000　　D. 远大于 10 000

13. 概率度是（　　）。

A. 保证概率或置信概率

B. 表明抽样估计可靠程度的参数

C. 样本指标的绝对误差范围

D. $t=\frac{\Delta}{\mu}$，表示抽样允许误差是抽样误差的多少倍

四、多项选择题

1. 企业制订中长期计划的步骤是（　　）。

A. 整理历史资料　　B. 计算相关指标或建立数学模型

C. 确定计划数值　　D. 上报审批

2. 动态水平指标有（　　）。

A. 发展水平　　B. 增长量

C. 发展速度　　D. 增长 1% 绝对值

3. 定基发展速度与环比发展速度的数量关系是（　　）。

A. 定基发展速度等于环比发展速度的连乘积

B. 相邻两个定基发展速度相除等于环比发展速度

C. 定基发展速度减 1 等于环比发展速度

D. 相邻两个环比发展速度相除等于相应定基发展速度

4. 某企业 2017 年的营业额是 50 万元，2018 年的营业额是 100 万元，则 2018 年的营业额比 2017 年的营业额（　　）。

A. 增加了 50 万元　　B. 增长了 50%

C. 增长了 100%　　D. 翻了两番

5. 平均发展速度是（　　）。

A. 各期环比发展速度的代表值　　B. 各期发展水平的算术平均数

C. 各期环比发展速度的几何平均数　　D. 各期环比发展速度的和

6. 下列属于数量指标总指数的有（　　）。

A. 物价指数　　B. 生产总值指数

C. 产品总成本指数　　D. 产品单位成本指数

7. 下列属于质量指标总指数的有（　　）。

A. 白菜的价格指数　　B. 鸡蛋的价格指数

C. 食品的价格指数　　D. 消费品的价格指数

8. 某企业三种产品报告期的产量为基期的 110%，这个指数是（　　）。

A. 个体指数　　B. 总指数

C. 质量指标指数
D. 数量指标指数

9. 指数体系能够用来分析（ ）。

A. 现象的构成因素

B. 现象总的变动方向和程度

C. 现象总变动中各个因素的影响方向和程度

D. 各个因素的变动方向和程度

10. 我国的 CPI 是根据（ ）编制的。

A. 定期报表资料
B. 抽样调查资料
C. 重点调查的资料
D. 近 13 万户样本资料

11. 抽样推断的特点是（ ）。

A. 选取样本时必须遵循随机原则
B. 用样本指数去推断总体
C. 抽样调查必然产生抽样误差
D. 抽样误差可以事先计算和加以控制

12. 抽样平均误差是（ ）。

A. 个别样本指标同总体指标的绝对离差

B. 所有可能样本指标同总体指标的平均离差

C. 所有可能样本指标的标准差

D. 反映抽样误差一般水平的指标

13. 影响抽样平均误差大小的因素有（ ）。

A. 总体内部的差异程度
B. 样本的容量
C. 抽样的方法
D. 工作人员的工作态度

14. 计算抽样平均误差时，若缺乏总体标准差，可用（ ）代替。

A. 样本标准差
B. 总体以前的标准差
C. 估计的标准差
D. 先组织试点调查取得的相关数据

15. 不重复抽样时，采用重复抽样公式计算抽样平均误差的条件是（ ）。

A. 全及总体很大
B. 全及总体较小
C. （$1-n/N$）接近 0
D. （$1-n/N$）接近 1

五、名词解释

1. 动态数列

2. 统计指数

3. 总指数

4. 综合指数

5. 同度量因素

6. 指数体系

7. 抽样推断

8. 抽样总体

9. 不重复抽样

10. 样本的可能数目

11. 样本容量

12. 抽样误差

13. 抽样平均误差

六、实训题

1. 某地区 2010—2015 年大枣产量资料见表 5-1。

表 5-1　　某地区 2010—2015 年大枣产量资料及计算表

指标＼年份		2010	2011	2012	2013	2014	2015
（甲）		a_0	a_1	a_2	a_3	a_4	a_5
大枣产量（吨）		1 377	1 460	1 591	1 750	1 872	2 022
增长量（吨）	逐年						
	累计						
发展速度（%）	环比						
	定基						
增长速度（%）	环比						
	定基						
增长 1% 绝对值（吨）							

要求：

（1）计算表中的各项指标数据。

（2）计算“十二五”期间该地区大枣的年平均产量及年平均增长量。

（3）计算平均发展速度与平均增长速度。

（4）若以 2015 年的数据为最初水平 a_0，以年平均 8% 的增长速度计算“十三五”末（即 2020 年）该地区的大枣产量。

2. 某地区部分年份人口资料见表 5-2。

表 5-2　　2010—2015 年某地区人口资料及计算表

指标 \ 年份		2010	2011	2012	2013	2014	2015
（甲）		a_0	a_1	a_2	a_3	a_4	a_5
年末人口（人）		130 756	131 448	132 129	132 802	133 474	134 100
增长量（人）	逐期						
	累计						
发展速度（%）	环比						
	定基						
增长速度（%）	环比						
	定基						
增长 1% 绝对值（人）							

要求：

（1）计算表中的各项指标。

（2）计算平均发展速度与平均增长速度。

（3）若以 2015 年的数据为最初水平 a_0，以年平均 100.5% 的发展速度推算 2020 年年末该地区人口总量。

（4）如果以 2020 年的数据为最初水平 a_0，以年平均 100.5% 的发展速度推算该地区达到 16 万人口需要多少年。

3. 某企业三种主要产品的产量和单位成本资料见表 5-3，计算三种产品的总成本指数，分析产量与单位成本对总成本的影响。

表 5-3　　某企业三种产品产量和单位成本资料以及总成本指数计算表

产品类别	单位	产量		单位成本（万元）		总成本计算栏（万元）		
		基期 q_0	报告期 q_1	基期 p_0	报告期 p_1	基期 p_0q_0	报告期 p_1q_1	假设 p_0q_1
甲	台	1 000	1 200	5	5.5			
乙	套	1 500	2 000	2	1.8			
丙	件	3 000	2 500	1	0.8			
合计	—	—	—	—	—			

4. 某企业主要商品销售资料见表 5-4，计算分析其商品销售量、商品销售价格对商品销售额的影响。

表 5-4　　某企业主要商品销售资料及计算表

商品名称	单位	销售量		销售单价（元）		销售额（元）		
		基期 q_0	报告期 q_1	基期 p_0	报告期 p_1	基期 p_0q_0	报告期 p_1q_1	假设 p_0q_1
甲	吨	2 000	2 500	45	50			
乙	米	4 000	5 000	15	13			
丙	件	20 000	18 000	60	59			
合计	—	—	—	—	—			

5. 某地区生活消费商品价格降低后，同样多的人民币比上年可多购买 12% 的商品，计算该地区的价格指数。

6. 某企业报告期产品产量比基期增长 10%，总成本增长 5%，计算说明单位成本的变化。

7. 某企业有职工 21 000 名，随机不重复抽取 50 名进行调查，测得其平均月工资为 5 200 元，标准差 σ =220 元（n=50）。

要求：

（1）计算其抽样平均误差并说明其意义。

（2）如果标准差增加 40 元（σ =260）或减少 20 元（σ =200），其抽样平均误差将怎样变化?

8. 在 50 000 件产品中，随机抽取 100 件进行调查，有 2% 不合格。

要求：

（1）计算不合格产品的抽样平均误差并说明其意义。

（2）计算说明当样本容量增加到 200 时或者减少到 50 时，抽样平均误差会发生什么变化。

9. 某养殖场共养蛋鸡 3 000 只，随机不重复抽取 100 只进行调查得到资料（见表 5–5），其中年产蛋 220 个以上的为良种鸡。

表 5–5　　某养殖场蛋鸡抽样调查资料及计算表

年产蛋量	数量 f（只）	组中值 x（个）	xf	$x-\bar{x}$	$(x-\bar{x})^2$	$(x-\bar{x})^2f$
200 个以下	20					
200~220 个	60					
220 个以上	20					
合计	100					

要求：

（1）计算年平均产蛋量、良种鸡所占比重、抽样平均误差。

（2）如果保证概率为 99.73%（t=3），计算允许误差（抽样极限误差）。

（3）根据计算出的允许误差推算 3 000 只蛋鸡平均年产蛋量，以及良种鸡所占比重的置信区间。

10. 某企业从生产的 5 000 台电器中随机抽取 50 台进行质量检验，合格品有 49 台。试以 99.73% 的把握程度估计全部产品合格率的范围及合格品的数量。（重复抽样与不重复抽样分别计算。）

11. 某地区抽取 300 户城镇居民进行家庭调查，测得人均月生活费支出为 2 600 元，标准差为 80 元。如果把握程度为 95.45%（t=2），计算并说明该地区城镇居民人均月生活费支出的范围。

第六章 会计概述

一、填空题

1. 会计的本质是一种____________活动。

2. 会计的基本职能包括____________和____________两个方面。

3. 会计核算主要包括________、________、________和________四个环节。

4. 反映企业经营成果的会计要素包括____________、____________和____________。

5. 反映企业财务状况的会计要素包括____________、____________和____________。

6. 资产按其流动性不同可分为____________资产和____________资产。

7. 负债按其流动性不同可分为____________负债和____________负债。

8. 所有者权益按其构成不同分为______________、____________、____________和______________等。

9. 会计方法可以分为__________方法、__________方法和__________方法。

二、判断题（判断正误并在括号内填写“√”或“×”）

1. 会计最基本的职能是会计监督。（ ）

2. 会计是以货币为主要计量单位，以凭证为依据，借助于专门的技术方法，对一定主体的经济活动进行全面、系统、连续、综合的核算和监督，并向有关方面提供相关信息的经济管理活动。（ ）

3. 签订经济合同是一项经济活动，因此属于会计对象。（ ）

4. 投资者投入的资本金应属于企业的资产。（ ）

5. 资产是指由过去的交易事项形成并由企业拥有或控制的资源。（ ）

6. 会计要素包括资产、负债、资本、收入、支出和利润六项。（ ）

7. 负债是由于过去的债务而产生的。（ ）

8. 会计记录不一定要求连续地记录，对于不重要的经济业务可以不记录。（ ）

9. 会计只能核算已发生或完成的交易或事项。（ ）

10. 企业的会计科目可以根据自身的业务特点自行设定。（ ）

11. 按记账方式不同，记账分为单式记账法和复式记账法。（ ）

三、单项选择题

1. 资产是企业（　　）的资源。

A. 借入或投入　　B. 拥有或控制

C. 拥有或租入　　D. 控制或使用

2. 用银行存款归还应付账款的经济业务属于（　　）。

A. 资产和负债同增　　B. 资产减少，负债增加

C. 资产增加，负债减少　　D. 资产和负债同减

3. 账户借方登记增加额的有（　　）。

A. 资产类　　B. 负债类

C. 所有者权益类　　D. 损益类

4. 会计要素的详细分类称为（　　）。

A. 会计科目　　B. 会计原则

C. 会计要素　　D. 会计方法

5. 我国目前采用的复式记账法是（　　）。

A. 增减记账法　　B. 收付记账法

C. 借贷记账法　　D. 单式记账法

6. 现代会计将（　　）作为主要的计量单位。

A. 实物计量　　B. 货币计量

C. 时间计量　　D. 以上任何一种都可以

7. 凡是特定对象中能够以货币表现的经济活动，就是（　　）。

A. 会计核算　　B. 会计事项

C. 会计对象　　D. 会计业务

8. 会计科目是对（　　）的具体内容进行分类核算的项目。

A. 经济业务　　B. 会计主体

C. 会计对象　　D. 会计要素

9. 会计账户是根据（　　）分别设置的。

A. 会计对象　　B. 会计要素

C. 会计科目　　D. 经济业务

10. 下列经济活动中引起资产和负债同时减少的是（　　）。

A. 以银行存款偿付之前所欠货款　　B. 以现金支付办公费用

C. 购买材料的货款尚未支付　　D. 收回应收账款并存入银行

11. 收到投资者投入的货币资金并存入银行所引起的变动为（　　）。

A. 一项资产增加，另一项资产减少

B. 一项资产增加，一项所有者权益减少

C. 一项资产增加，一项负债减少

D. 一项资产增加，一项所有者权益增加

12. 复式记账法对每项经济业务都以相等的金额在（　　）中进行登记。

A. 一个账户　　B. 两个账户

C. 全部账户　　D. 两个或两个以上的账户

13. 借贷记账法的借方表示（　　）。

A. 资产增加，负债及所有者权益减少

B. 资产增加，负债及所有者权益增加

C. 资产减少，负债及所有者权益减少

D. 资产减少，负债及所有者权益增加

14. 下列业务中属于资产内部增减变动，不影响资产总额的是（　　）。

A. 收到投资者投入的货币资金 200 万元

B. 以银行存款 10 万元归还短期借款

C. 以银行存款 5 万元购买原材料

D. 购买原材料 8 万元，款未付

15. 某企业资产总额为 500 万元，如果发生以下经济义务：（1）收到 C 公司偿还的货款 30 万元并存入银行；（2）以银行存款偿还之前所欠货款 15 万元；（3）从银行提取现金 2 万元；（4）购买原材料 6 万元，款未付。此时该企业资产总额应为（　　）万元。

A. 500　　B. 491

C. 515　　D. 487

16. 某企业资产总额为 200 万元，负债为 40 万元，在接受 60 万元投资后，所有者权益为（　　）万元。

A. 200　　B. 210

C. 220　　D. 230

17. 对于借贷记账法的“借”和“贷”，以下说法正确的是（　　）。

A. 只是作为记账符号，没有实际的含义

B. “借”表示增加，“贷”表示减少

C. “借”表示减少，“贷”表示增加

D. “借”表示借他人的即负债，“贷”表示借给他人的即资产

18. 某企业某年 12 月 1 日资产余额为 20 万元，当月收回其他单位所欠货款 4 万元，收到外单位投资款 5 万元并存入银行，则 12 月 31 日该企业的资产为（　　）万元。

A. 20　　B. 24　　C. 25　　D. 29

四、多项选择题

1. 会计的基本职能是（　　）职能。

A. 核算　　B. 监督

C. 参与计划　　D. 企业管理

2. 会计监督职能是指在会计核算的同时，对经济活动的（　　）进行审查。

A. 真实性　　B. 合法性

C. 合理性　　D. 清晰性

3. 关于会计核算和会计监督之间的关系，下列说法正确的是（　　）。

A. 两者之间存在着相辅相成、辩证统一的关系

B. 会计核算是会计监督的基础

C. 会计监督是会计核算的保障

D. 会计核算和会计监督之间没有什么必然的联系

4. 下列属于会计等式的是（　　）。

A. 本期借方发生额合计 = 本期贷方发生额合计

B. 本期借方余额合计 = 本期贷方余额合计

C. 资产 = 负债 + 所有者权益

D. 收入 - 费用 = 利润

5. 收入的特点有（　　）。

A. 可能带来资产增加　　B. 可能使负债减少

C. 一定会导致所有者权益增加　　D. 可能会引起费用减少

6. 下列各项中属于会计要素的是（　　）。

A. 资产　　B. 利润

C. 费用　　D. 成本

7. 下列各项中属于会计账户金额要素的是（　　）。

A. 本期借方发生额　　B. 本期贷方发生额

C. 期初余额　　D. 期末余额

8. 账户借方登记增加额的有（　　）。

A. 资产　　B. 负债

C. 成本　　D. 费用

9. 交易、事项的发生，一方面引起资产项目增加，另一方面还可能引起（　　）。

A. 负债项目增加　　B. 负债项目减少

C. 所有者权益增加　　D. 所有者权益减少

10. 下列各项中属于会计科目中的总分类科目的有（　　）。

A. 货币资金　　B. 原材料

C. 库存商品　　D. 未分配利润

11. 从资产和权益变动的角度看，经济业务的类型包括（　　）。

A. 引起资产与权益同时增加的业务

B. 引起资产与权益同时减少的业务

C. 引起资产内部项目有增有减，总额不变的业务

D. 引起权益内部项目有增有减，总额不变的业务

12. 下列经济业务中，会使会计等式两边同时发生增减变动的包括（　　）。
A. 用银行存款偿还之前所欠应付货款
B. 购进原材料未付款
C. 从银行提取现金
D. 向银行借款，存入银行
13. 根据复式记账法的特点，对每一项经济业务，应该（　　）。
A. 在两个或两个以上相互联系的账户中进行登记
B. 在一个账户中进行登记
C. 以相等的金额在有关账户中进行登记
D. 以不同的金额进行登记
14. 下列经济业务中，使资产或权益总额不变的有（　　）。
A. 以银行存款 5 万元偿还欠款
B. 将现金 2 000 元送存银行
C. 以银行存款 1 万元购买原材料
D. 接受投资者投入的货币资金 20 万元
15. 会计方法包括（　　）。
A. 会计核算方法　　B. 会计监督方法
C. 会计分析方法　　D. 会计预测方法

五、名词解释

1. 会计

2. 会计核算职能

3. 会计监督职能

4. 资产

5. 负债

6. 所有者权益

7. 收入

8. 费用

9. 利润

10. 会计科目

11. 会计账户

12. 复式记账法

13. 借贷记账法

六、实训题

1. 将下列项目与对应的会计要素用直线连接起来。

项目	会计要素
库存现金	
应收账款	资产
实收资本	负债
预付账款	所有者权益
主营业务收入	收入
本年利润	费用
应付账款	利润
财务费用	
固定资产	

2. 某企业某月末各项目资料如下：

（1）银行存款 120 万元。

（2）向银行借入短期借款 500 万元。

（3）会计室存放库存现金 1.5 万元。

（4）仓库存放原材料 519 万元。

（5）仓库存放产成品 194 万元。

（6）正在加工中的产品 75.5 万元。

（7）应付 A 单位货款 60 万元尚未支付。

（8）向银行借入长期借款 600 万元。

（9）建筑物共 400 万元。

（10）接受所有者投入资本 7 000 万元。

（11）机器设备 2 500 万元。

（12）应收 B 单位货款 100 万元，款未收到。

（13）以前年度尚未分配的利润 750 万元。

（14）对 C 单位长期投资 5 000 万元。

要求：

（1）判断上述资料中各项目的类别，并将各项目金额填入表 6-1 中。

（2）计算表 6-1 中资产总额、负债总额、所有者权益总额是否符合会计基本等式。

表 6-1　　某企业某月末各项目资料　　万元

项目	资产总额	负债总额	所有者权益总额
合计			

3. 分别指出表 6-2 所示经济业务中会计要素的增减变动情况。

表 6-2　　经济业务中会计要素的增减变动情况

具体经济业务	会计要素增减变动情况
（1）用银行存款购买原材料	
（2）用银行存款支付之前所欠 D 单位货款	
（3）向投资者分配股利	
（4）向银行借入短期借款并存入银行	
（5）收到投资者投入的设备一台	
（6）购入设备一台，款未付	

续表

具体经济业务	会计要素增减变动情况
（7）用银行存款归还短期借款	
（8）以固定资产向外单位投资	
（9）收到投资者投入资金并存入银行	
（10）将原借给本企业的借款转作向本企业投资	

4. 某企业 2019 年 11 月发生如下交易事项：

（1）2 日，收到 E 单位投入的资金 92 600 元，存入银行。

（2）4 日，以现金 500 元支付管理部门的办公费。

（3）8 日，以银行存款 3 000 元支付之前所欠 F 单位货款。

（4）15 日，收到 G 单位之前所欠货款 6 000 元，存入银行。

（5）22 日，从银行取得五年期借款 50 000 元。

（6）28 日，购入一台设备，价值 40 000 元，款未付。

要求：用 T 型账户登记上述交易事项的记账结果。

（1）	
（2）	
（3）	
（4）	
（5）	
（6）	

5. 请根据表 6–3 中的资料填写该表中的空格并分析原因。

表 6–3　　某企业财务数据　　万元

账户名称	期初余额	本期借方发生额	本期贷方发生额	期末余额
库存现金	480	550		650
长期借款	40 000		30 000	20 000
应付账款	1 650	670		1 250
实收资本	60 000		25 000	85 000
库存商品	1 560	1 350		660
银行存款		3 750	4 520	2 430
应收账款		1 300	1 500	1 400
原材料	1 120	1 580	1 910	
短期借款	20 000	5 000	11 000	
固定资产		2 300	1 780	860

第七章 企业基本业务会计处理

一、填空题

1. 企业筹集资金的主要渠道包括____________、____________。

2. 为了正确核算和监督库存原材料的增减变化及结存情况，需要设置的账户为____________。

3. 产品的生产成本一般包括____________、____________、____________三个项目。

4. 一般将企业所有者权益中的____________和____________统称为留存收益。

5. 某企业为一般纳税人，本期购进材料一批，增值税专用发票上注明货款为 30 000 元，增值税为 3 900 元，入库前的挑选整理费为 500 元，则该批材料的入账价值为______元。

6. 短期借款用来核算企业从银行或其他金融机构借入的，偿还期在____________的各项借款。

7. “主营业务收入”账户属于__________账户，用于核算______________________。

8. “主营业务成本”账户属于__________账户，用于核算______________________。

9. 营业利润 =____________−____________−____________−____________+ 投资收益（− 投资损失）− 资产减值损失 − 信用减值损失。

10. 利润总额 = 营业利润 +____________−____________。

二、判断题（判断正误并在括号内填写“√”或“×”）

1. “短期借款”账户余额既应反映企业借入的短期借款的本金，也应反映其利息。（　　）

2. 在采购过程中支付的各项采购费用，不构成材料的采购成本，所以应将其记入“管理费用”账户。（　　）

3. 企业的“在途物资”账户可以按照供应单位设置明细账户。（　　）

4. 企业销售产品时应确认“主营业务收入”，结转“主营业务成本”；销售材料时应确认“其他业务收入”，结转“其他业务成本”。（　　）

5. “生产成本”账户属于成本类账户，期末一定没有余额。（　　）

6. 企业发生的制造费用是间接费用，不能计入产品成本。（　　）

7. 企业预收的销货款可以直接作为收入确认。（　　）

8. “累计折旧”账户属于负债类账户。（ ）

9. 企业应当在履行了合同中的履约义务即在客户取得相关商品控制权时确认收入。（ ）

10. 收入要素主要包括主营业务收入、其他业务收入和营业外收入。（ ）

11. 企业因销售商品应交的增值税应计入“税金及附加”账户的贷方。（ ）

12. 企业因销售材料而取得的收入应计入“其他业务收入”账户的贷方。（ ）

13. 期末，企业应将“主营业务成本”账户的本期发生额转入“本年利润”账户的借方。（ ）

14. 企业日常活动应负担的城市维护建设税和教育费附加应当在“税金及附加”账户核算。（ ）

15. 企业从税后利润中提取盈余公积不属于利润分配的内容。（ ）

16. 企业一般应于每月月末计提固定资产折旧。（ ）

三、单项选择题

1. 企业收到投资者以货币资金形式投入的资本金时，不可能登记的账户是（ ）。

A. 股本　B. 实收资本

C. 盈余公积　D. 银行存款

2. 企业为维持正常的生产经营而向银行等金融机构临时借入的款项称为（ ）。

A. 长期借款　B. 短期借款

C. 长期负债　D. 流动负债

3. “长期借款”账户用来核算企业向银行或其他金融机构等借入的期限在（ ）的各项借款。

A. 一年以下（不含一年）　B. 一年以下（含一年）

C. 一年　D. 一年以上（不含一年）

4. 企业计提短期借款的利息支出时应借记的是（ ）账户。

A. 财务费用　B. 短期借款

C. 应付利息　D. 在建工程

5. 企业“应付账款”账户的贷方余额反映的是（ ）。

A. 应付给供货单位的款项　B. 预收购货单位的款项

C. 预付给供货单位的款项　D. 应收购货单位的款项

6. 企业设置“固定资产”账户是用来反映固定资产的（ ）。

A. 磨损价值　B. 累计折旧

C. 原始价值　D. 净值

7. 月末计提固定资产折旧时，应贷记（ ）科目。

A. 固定资产　B. 累计折旧

C. 生产成本　D. 营业费用

8. 下列费用中，不构成产品成本，而应直接计入当期损益的是（　　）。

A. 直接材料费　　B. 直接人工费

C. 期间费用　　D. 制造费用

9. 生产车间管理人员的薪酬应记入（　　）账户。

A. 生产成本　　B. 制造费用

C. 管理费用　　D. 其他费用

10. 企业生产的产品完工，应将其生产成本转入（　　）。

A. 主营业务成本　　B. 本年利润

C. 库存商品　　D. 原材料

11. “主营业务收入”账户月末余额（　　）。

A. 在借方　　B. 在贷方

C. 为零　　D. 可能在借方也可能在贷方

12. 结转产品销售成本时，应借记（　　）科目。

A. 主营业务成本　　B. 生产成本

C. 库存商品　　D. 主营业务收入

13. 企业按照章程宣布向投资者分配现金股利时，应贷记的账户是（　　）。

A. 银行存款　　B. 盈余公积

C. 利润分配　　D. 应付股利

14. 下列内容中属于其他业务收入的是（　　）。

A. 存款利息收入　　B. 出售材料收入

C. 销售商品收入　　D. 盘盈利得

15. 下列项目中不属于营业利润构成要素的是（　　）。

A. 主营业务收入　　B. 其他业务收入

C. 营业外收入　　D. 税金及附加

16. 在企业发生的下列经济业务中，能引起资产和负债同时增加的业务是（　　）。

A. 用银行存款购买原材料　　B. 预收销货款存入银行

C. 提取盈余公积　　D. 年终结转净利润

17. 企业年初所有者权益总额为 2 000 万元，当年实现利润总额 500 万元，所得税税率为 25%，按 10% 提取盈余公积，决定向投资人分配利润 100 万元，则企业年末的所有者权益总额为（　　）万元。

A. 2 460　　B. 2 275

C. 2 660　　D. 2 560

18. 下列账户中不会出现期末贷方余额的账户是（　　）。

A. 生产成本　　B. 累计折旧

C. 利润分配　　D. 应付账款

四、多项选择题

1. 工业企业的主要经济业务包括（　　）。

A. 采购业务　　B. 生产业务

C. 销售业务　　D. 利润形成业务

2. 企业筹集资金的渠道主要有（　　）。

A. 接受投资人投入　　B. 欠交税金

C. 从银行取得借款　　D. 预收货款

3. 下列各项中属于企业借入资金的有（　　）。

A. 长期借款　　B. 短期借款

C. 应付利息　　D. 财务费用

4. 购进材料时，借记“在途物资”账户，可能贷记的账户有（　　）。

A. 银行存款　　B. 应交税费

C. 应付账款　　D. 原材料

5. 下列费用中应计入存货采购成本的是（　　）。

A. 支付的增值税进项税额　　B. 支付的材料货款

C. 入库前的整理挑选费　　D. 行政管理部门的办公费

6. 下列各项中构成企业自制产品成本的有（　　）。

A. 为生产产品耗用的材料成本　　B. 生产工人的薪酬

C. 生产车间的固定资产折旧费　　D. 生产车间的水电费

7. 下列各项中，属于收入确认的前提条件的有（　　）。

A. 该合同明确了合同各方与所转让商品相关的权利和义务

B. 该合同有明确的与所转让的商品相关的支付条款

C. 合同各方已批准该合同并承诺将履行各自义务

D. 企业因向客户转让商品而有权取得的对价很可能收回

8. “税金及附加”账户借方登记的内容有（　　）。

A. 增值税　　B. 消费税

C. 城市维护建设税　　D. 教育费附加

9. 下列各项中应在“管理费用”账户中核算的有（　　）。

A. 工会经费　　B. 业务人员差旅费

C. 业务招待费　　D. 车间管理人员工资

10. 期末结转到“本年利润”账户贷方的发生额有（　　）。

A. 主营业务收入　　B. 主营业务成本

C. 其他业务收入　　D. 销售费用

11. 下列各项中属于营业利润构成要素的有（　　）。

A. 主营业务收入　　B. 营业外收入

C. 销售费用　　D. 主营业务成本

12. 下列各项中属于企业利润总额构成要素的有（　　）。

A. 主营业务收入　　B. 营业外支出

C. 其他业务收入　　D. 所得税费用

13. 下列各项中属于企业分配净利润的有（　　）。

A. 计算缴纳所得税　　B. 支付银行借款利息

C. 提取法定盈余公积　　D. 提取任意盈余公积

14. 下列账户中，月末余额一定为零的有（　　）。

A. 生产成本　　B. 管理费用

C. 应付职工薪酬　　D. 财务费用

15. 下列业务中能引起资产和所有者权益同时增加的有（　　）。

A. 收到国家投资，存入银行　　B. 提取盈余公积

C. 收到外商投入设备一台　　D. 将资本公积转增资本

五、名词解释

1. 实收资本

2. 固定资产

3. 在途物资

4. 制造费用

5. 管理费用

6. 利润

六、实训题

1. 嘉禾公司（增值税一般纳税人，下同）2019 年 7 月发生下列资金筹集业务：

（1）接受新华公司投资 200 000 元，存入银行。

（2）收到晨星公司投资，其中设备估价 100 000 元已交付使用，材料价值 50 000 元已验收入库。

（3）从银行取得期限为 6 个月的借款 100 000 元，存入银行。

（4）上述借款年利率为 6%，计算提取本月的借款利息。

（5）用银行存款 40 000 元偿还已到期的银行短期借款。

要求：编制上述业务的会计分录。

2. 嘉禾公司 2019 年 8 月发生下列材料物资采购业务：

（1）购入 A 材料 4 000 千克，单价 8 元，增值税进项税额 4 160 元，运杂费 1 750 元，材料已入库，款项未付。

（2）购入 B 材料 120 吨，单价 420 元，增值税进项税额 6 552 元，款项均通过银行付清，材料尚在途中。

（3）用银行存款支付上述 A 材料货款。

（4）上述 B 材料运达企业并验收入库。

要求：编制上述业务的会计分录。

3. 嘉禾公司 2019 年 9 月发生下列产品生产业务：

（1）本月仓库发出材料若干，其中产品耗用 12 000 元，车间一般耗用 4 500 元，厂部一般耗用 1 500 元。

（2）月末分配工资费用，其中生产工人工资为 34 000 元，车间管理人员工资为 16 000 元，厂部管理人员工资为 10 000 元。

（3）开出现金支票 60 000 元，提现直接发放工资。

（4）计提本月固定资产折旧，其中车间折旧额 2 400 元，厂部折旧额 500 元。

（5）将本月发生的制造费用转入“生产成本”账户。

（6）本月生产的 40 台产品全部完工并验收入库，结转完工产品成本（假设没有期初期末在产品）。

要求：编制上述业务的会计分录。

4. 嘉禾公司 2019 年 10 月发生下列销售业务：

（1）销售产品 20 台，单价 3 000 元，增值税税率 13%，款项暂未收到。

（2）销售产品总价 236 000 元，增值税销项税额为 30 680 元，款项收到并存入银行。

（3）用银行存款 1 500 元支付销售产品的广告费。

（4）预收黄河公司订货款 50 000 元并存入银行。

（5）结转本月已销产品成本 236 800 元。

（6）经计算，本月应交城市维护建设税为 2 100 元，教育费附加为 900 元。

要求：编制上述业务的会计分录。

5. 嘉禾公司 2019 年 12 月发生下列利润形成与分配业务：

（1）用现金 4 500 元支付厂部办公用品费。

（2）收到光明公司支付的合同违约金 3 000 元并存入银行。

（3）用银行存款 6 000 元支付罚款支出。

（4）以现金报销职工差旅费 1 000 元。

（5）开出转账支票支付广告费 1 500 元。

（6）预提应由本月负担的银行贷款利息 450 元。

（7）结转本月实现的各项收入，其中产品销售收入 158 000 元，营业外收入 3 000 元。

（8）结转本月发生的各项费用，其中产品销售成本 80 000 元，产品销售费用 1 500 元，产品销售税金 2 000 元，管理费用 5 500 元，财务费用 450 元，营业外支出 6 000 元。

（9）根据（7）（8）两项业务确定的利润总额，按 25% 的税率计算所得税并予以结转。

（10）年末结转本年净利润 536 000 元。

（11）按税后利润的 10% 提取盈余公积。

（12）将剩余利润的 30% 分配给投资人。

要求：编制上述业务的会计分录。

6. 嘉禾公司 2019 年 6 月发生如下经济业务：

（1）6 月 3 日，收到正兴公司投资款 400 000 元并存入银行。

（2）6 月 5 日，向银行贷款 100 000 元，约定 6 个月后偿还，年利率 6%。该笔款项已存入银行。

（3）6 月 6 日，购进 A 材料一批，取得的增值税专用发票上注明货款为 60 000 元，增值税为 7 800 元，另需承担保险费 5 000 元。款项尚未支付，材料尚未运达。

（4）6 月 8 日，购进 B 材料一批，取得的增值税专用发票上注明货款为 100 000 元，增值税为 13 000 元，入库前的挑选整理费为 8 000 元。款项已用存款支付，材料已验收入库。

（5）6 月 8 日，为生产甲产品，领用 A 材料 30 000 元，领用 B 材料 50 000 元。

（6）6 月 10 日，从银行提取现金 50 000 元，备发工资。

（7）6 月 10 日，用现金发放工资 50 000 元。

（8）6 月 10 日，用存款缴纳上月增值税 12 000 元、城市维护建设税 840 元、教育费附加 360 元。

（9）6 月 12 日，开出转账支票一张，偿还 5 月购料款 58 500 元。

（10）6 月 12 日，现款销售甲产品 200 件，售价 80 000 元，增值税为 10 400 元，款项已收存银行。

（11）6 月 16 日，用银行存款支付产品广告费 1 000 元。

（12）6 月 20 日，向华林公司赊销甲产品 500 件，售价 200 000 元，增值税为 26 000 元。

（13）6 月 30 日，结转本月应付职工工资 60 000 元，其中生产甲产品工人工资 40 000 元，车间管理人员工资 5 000 元，企业管理人员工资 15 000 元。

（14）6 月 30 日，计提本月固定资产折旧 50 000 元，其中生产车间 40 000 元，管理部门 10 000 元。

（15）6 月 30 日，计提本月应付短期借款利息 500 元。

（16）6 月 30 日，结转本月制造费用 45 000 元。

（17）6 月 30 日，本月生产的 650 件甲产品全部完工，结转生产成本 182 000 元。

（18）6 月 30 日，结转本月销售的 700 件甲产品的成本 197 400 元。

（19）6 月 30 日，计提本月应交城市维护建设税 1 092 元、教育费附加 468 元。

（20）6 月 30 日，结转本月收入和成本费用。

要求：编制上述业务的会计分录。

第八章 会计账务处理流程

一、填空题

1. 会计凭证按照填制程序和用途不同，可分为__________和__________。

2. 原始凭证按来源不同，可分为__________和__________。

3.__________是现金、银行存款收入业务使用的记账凭证。

4. 会计账簿按用途不同可分为__________、__________和__________。

5.__________是反映企业在某一特定日期（如月末、季末和年末）财务状况的会计报表。

6.__________是反映企业在一定时期（某月、某季度、某年度）的经营成果及其形成情况的报表。

7. 在资产负债表中，“货币资金”项目的期末余额应根据__________、__________、__________科目的期末余额合计数填列。

8. 资产负债表是根据____________________会计等式编制的。

9. 按提供核算资料详细程度的不同，分类账可分为__________、__________。

10.__________是记录经济业务、明确经济责任、作为记账依据的具有法律效力的书面证明。

二、判断题（判断正误并在括号内填写“√”或“×”）

1. 审核无误的原始凭证才能作为编制记账凭证的依据。 （ ）

2. 所有的记账凭证都只能根据原始凭证来填制。 （ ）

3. 原始凭证上的金额有错误的，应当由出具单位重开或更正，并在更正处加盖出具单位印章。 （ ）

4. 记账凭证是登记各种账簿的唯一依据。 （ ）

5. 登记账簿是编制会计报表的前提和依据。 （ ）

6. 企业的资产负债表是一张需要按年编制的报表。 （ ）

7. 资产负债表中的“存货”项目应根据“库存商品”科目的期末余额填列。（ ）

8. 现金日记账和银行存款日记账所采用的账页格式一般分为三栏式。 （ ）

9. 数量金额式明细分类账适用于那些既要进行金额核算，又要进行数量核算的账户。 （ ）

10. 为了及时编制会计报表，企业单位可以提前结账。 ( )

三、单项选择题

1. 下列单据中不能作为原始凭证的是（ ）。

A. 发货票　　B. 银行存款余额调节表

C. 领料单　　D. 工资结算汇总表

2. 经济业务发生时直接取得或填制的凭证是（ ）。

A. 收、付款凭证　　B. 原始凭证

C. 记账凭证　　D. 合同和协议

3. 下列单据中不能作为记账依据的原始凭证有（ ）。

A. 发料单　　B. 工资结算单

C. 出差车票　　D. 购销合同

4. 下列原始凭证中属于外来原始凭证的是（ ）。

A. 入库单　　B. 收到的收款收据

C. 工资结算表　　D. 差旅费报销单

5. 原始凭证的基本内容不包括（ ）。

A. 内容摘要　　B. 实物数量和金额

C. 会计科目　　D. 日期和编号

6. 记账凭证的基本内容不包括（ ）。

A. 记账凭证编号　　B. 记账凭证名称

C. 会计科目　　D. 接收单位名称

7. 记账凭证与所附原始凭证的金额（ ）。

A. 必须相等　　B. 可能相等

C. 可能不相等　　D. 一定不相等

8. 编制记账凭证时，对记账凭证所附原始凭证的张数（ ）。

A. 可以反映　　B. 是否反映由领导决定

C. 必须反映　　D. 有的可以反映，有的不必反映

9. 对于现金和银行存款之间的相互划转业务，为了避免重复记账，一般只编制（ ）。

A. 收款凭证　　B. 付款凭证

C. 转账凭证　　D. 结算凭证

10. 通用记账凭证（ ）。

A. 只适用于收款业务　　B. 只适用于付款业务

C. 只适用于转账业务　　D. 适用于收款、付款和转账业务

11. 企业购进一批材料，当即以银行存款支付一部分货款，余款暂欠。这笔业务发生后应编制的专用记账凭证是（ ）。

A. 付款凭证一张　　B. 付款凭证两张
C. 转账凭证两张　　D. 付款凭证和转账凭证各一张

12. 收款凭证主要用于记录（　　）。
A. 应收账款的增加　　B. 应收票据的增加
C. 货币资金的增加　　D. 其他应收款的增加

13. 可以作为编制会计报表直接依据的是（　　）。
A. 普通日记账　　B. 备查账簿
C. 分类账簿　　D. 特种日记账

14. 现金日记账属于（　　）。
A. 分类账簿　　B. 普通日记账
C. 备查账簿　　D. 特种日记账

15. 现金日记账或银行存款日记账（　　）。
A. 必须逐日结出余额　　B. 只在月末结出余额
C. 不需结出余额　　D. 没有余额时可以不做任何表示

16. "应收账款"明细分类账的格式一般采用（　　）。
A. 数量金额式　　B. 多栏式
C. 订本式　　D. 三栏式

17. 多栏式明细分类账一般适用于（　　）。
A. 债权、债务类账户　　B. 财产物资类账户
C. 货币资金类账户　　D. 成本费用类和收入成果类账户

18. 下列可以作为原始凭证的是（　　）。
A. 购销合同　　B. 请购单
C. 对账单　　D. 购货时收到的发票

19. 填制记账凭证的依据是（　　）。
A. 自制的原始凭证　　B. 外来的原始凭证
C. 汇总原始凭证　　D. 审核无误的原始凭证

20. 下列属于静态报表的是（　　）。
A. 现金流量表　　B. 利润表
C. 资产负债表　　D. 商品产品成本表

四、多项选择题

1. 下列原始凭证中属于自制凭证的有（　　）。
A. 收料单　　B. 领料单
C. 工资结算表　　D. 购货时取得的发票

2. 记账凭证按其反映的交易、事项与货币资金的关系不同，可分为（　　）。
A. 收款凭证　　B. 付款凭证

C. 转账凭证　　D. 汇总记账凭证

3. 原始凭证的内容有（　　）。

A. 凭证的名称、日期、编号

B. 接收单位或个人名称

C. 业务内容及其数量、单价和金额

D. 填制单位及有关人员签名或者盖章

4. 对于从银行提取现金的经济业务，应登记的账簿有（　　）。

A. 现金日记账　　B. 现金总账

C. 银行存款日记账　　D. 银行存款总账

5. 账簿按外形特征不同可分为（　　）。

A. 总分类账　　B. 订本式账簿

C. 活页式账簿　　D. 卡片式账簿

6. 数量金额式明细分类账一般适用于（　　）的登记。

A. “应付账款”账户　　B. “原材料”账户

C. “库存商品”账户　　D. “制造费用”账户

7. 下列关于登记账簿的说法中正确的是（　　）。

A. 以合法的会计凭证为登账依据

B. 要用蓝黑墨水的笔书写

C. 期末余额可用铅笔记账

D. 发生跳行或隔页时，应在空行或空页中用红色笔画对角线注销

8. 下列资产负债表中的部分项目中，属于所有者权益的是（　　）。

A. 实收资本　　B. 资本公积

C. 未分配利润　　D. 未付利润

9. 利润表属于（　　）。

A. 静态报表　　B. 动态报表

C. 反映一定期间经营成果的报表　　D. 反映财务状况的报表

10. 会计报表的编制要求是（　　）。

A. 数字真实　　B. 内容完整

C. 计算准确　　D. 编报及时

五、名词解释

1. 原始凭证

2. 记账凭证

3. 会计账簿

4. 会计报表

5. 资产负债表

6. 利润表

六、实训题

1. 2019 年 4 月 3 日，昌盛公司出纳李红从银行提取现金 28 543 元，备发工资。

昌盛公司开户行为工商银行北京双桥路支行，账号为 1101010505266908216，统一社会信用代码为 9111011062886548055，电话为 010-88772396。

要求：根据上述经济业务描述，将图 8-1 所示原始凭证补充完整。

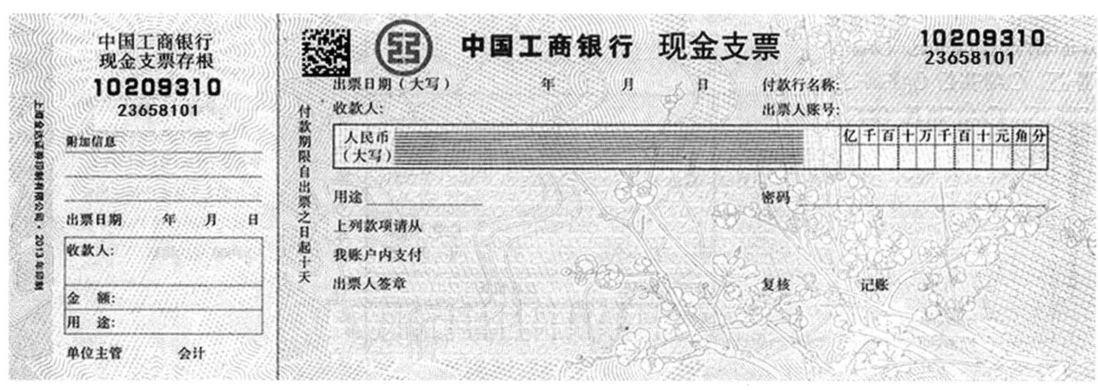

中国工商银行
现金支票存根
10209310
23658101
附加信息
出票日期 年 月 日
收款人:
金 额:
用 途:
单位主管 会计

中国工商银行 现金支票
10209310
23658101
出票日期（大写） 年 月 日 付款行名称:
收款人: 出票人账号:
付款期限自出票之日起十天

人民币（大写）	亿	千	百	十	万	千	百	十	元	角	分

用途 密码
上列款项请从
我账户内支付
出票人签章 复核 记账

图 8-1 中国工商银行现金支票

2. 2019 年 4 月 10 日，昌盛公司收到 A 公司偿还的之前所欠货款 3 万元，存入银行。

要求：根据上述经济业务描述，填制表 8-1 所示的收款凭证。

表 8-1　　　　收款凭证

借方科目：　　　　年　　月　　日　　　　字第　　号

<table>
<tr><td rowspan="2">摘要</td><td colspan="2">贷方科目</td><td rowspan="2">记账</td><td colspan="10">金额</td></tr>
<tr><td>总账科目</td><td>明细科目</td><td>千</td><td>百</td><td>十</td><td>万</td><td>千</td><td>百</td><td>十</td><td>元</td><td>角</td><td>分</td></tr>
<tr><td></td><td></td><td></td><td></td><td></td><td></td><td></td><td></td><td></td><td></td><td></td><td></td><td></td><td></td></tr>
<tr><td></td><td></td><td></td><td></td><td></td><td></td><td></td><td></td><td></td><td></td><td></td><td></td><td></td><td></td></tr>
<tr><td></td><td></td><td></td><td></td><td></td><td></td><td></td><td></td><td></td><td></td><td></td><td></td><td></td><td></td></tr>
<tr><td></td><td></td><td></td><td></td><td></td><td></td><td></td><td></td><td></td><td></td><td></td><td></td><td></td><td></td></tr>
<tr><td></td><td></td><td></td><td></td><td></td><td></td><td></td><td></td><td></td><td></td><td></td><td></td><td></td><td></td></tr>
<tr><td>合计</td><td></td><td></td><td></td><td></td><td></td><td></td><td></td><td></td><td></td><td></td><td></td><td></td><td></td></tr>
</table>

会计主管：　　记账：　　出纳：　　复核：　　制单：

附单据　　张

3. 2019 年 4 月 15 日，昌盛公司支付上月职工工资 15 000 元，开出支票一张。

要求：出纳人员根据审核无误的原始凭证（工资表和支票存根）填制表 8-2 所示的付款凭证。

表 8-2　　　　付款凭证

贷方科目：　　　　年　　月　　日　　　　字第　　号

<table>
<tr><td rowspan="2">摘要</td><td colspan="2">借方科目</td><td rowspan="2">记账</td><td colspan="10">金额</td></tr>
<tr><td>总账科目</td><td>明细科目</td><td>千</td><td>百</td><td>十</td><td>万</td><td>千</td><td>百</td><td>十</td><td>元</td><td>角</td><td>分</td></tr>
<tr><td></td><td></td><td></td><td></td><td></td><td></td><td></td><td></td><td></td><td></td><td></td><td></td><td></td><td></td></tr>
<tr><td></td><td></td><td></td><td></td><td></td><td></td><td></td><td></td><td></td><td></td><td></td><td></td><td></td><td></td></tr>
<tr><td></td><td></td><td></td><td></td><td></td><td></td><td></td><td></td><td></td><td></td><td></td><td></td><td></td><td></td></tr>
<tr><td></td><td></td><td></td><td></td><td></td><td></td><td></td><td></td><td></td><td></td><td></td><td></td><td></td><td></td></tr>
<tr><td></td><td></td><td></td><td></td><td></td><td></td><td></td><td></td><td></td><td></td><td></td><td></td><td></td><td></td></tr>
<tr><td>合计</td><td></td><td></td><td></td><td></td><td></td><td></td><td></td><td></td><td></td><td></td><td></td><td></td><td></td></tr>
</table>

会计主管：　　记账：　　出纳：　　复核：　　制单：

附单据　　张

4. 2019 年 4 月 17 日，昌盛公司接受大华公司投资的机器设备一台，价值 40 000 元。

要求：根据上述经济业务描述，填制表 8-3 所示的转账凭证。

表 8-3　　　　　　　　　　转账凭证

年　　月　　日　　　　　　　　　　　　字第　　　号

摘要	总账科目	明细科目	借方金额											贷方金额											√
			亿	千	百	十	万	千	百	十	元	角	分	亿	千	百	十	万	千	百	十	元	角	分	
合计																									

会计主管：　　　　记账：　　　　出纳：　　　　复核：　　　　制单：

附单据　　　张

5. 2019 年 4 月 1 日，昌盛公司 B 材料的结存数量为 400 千克，单位成本为 40 元 / 千克。当月发生如下经济业务：

（1）5 日，用银行存款购入 B 材料 500 千克，单价 40 元 / 千克，增值税税率 13%。材料已验收入库，按实际采购成本入账。

（2）8 日，购入 B 材料 3 000 千克，单价 38 元 / 千克，增值税税率 13%，款项尚未支付。材料已验收入库，按实际采购成本入账。

（3）15 日，购入 B 材料 1 000 千克，单价 39 元 / 千克，增值税税率 13%，款项尚未支付。

（4）31 日，生产甲产品领用 B 材料 800 千克，单位成本 40 元 / 千克。

要求：根据上述有关 B 材料的收发业务，编制表 8-4 至表 8-7 的记账凭证，并登记表 8-8 所示的原材料明细账。

表 8-4　　　　　　　　　　记账凭证

年　　月　　日　　　　　　　　　　　　字第　　　号

摘要	总账科目	明细科目	借方金额											贷方金额											√
			亿	千	百	十	万	千	百	十	元	角	分	亿	千	百	十	万	千	百	十	元	角	分	
合计																									

会计主管：　　　　记账：　　　　出纳：　　　　复核：　　　　制单：

附单据　　　张

表 8-5

记账凭证

年　月　日　　　　字第　　号

摘要	总账科目	明细科目	借方金额											贷方金额											√
			亿	千	百	十	万	千	百	十	元	角	分	亿	千	百	十	万	千	百	十	元	角	分	
合计																									

会计主管：　　记账：　　出纳：　　复核：　　制单：

附单据　　张

表 8-6

记账凭证

年　月　日　　　　字第　　号

摘要	总账科目	明细科目	借方金额											贷方金额											√
			亿	千	百	十	万	千	百	十	元	角	分	亿	千	百	十	万	千	百	十	元	角	分	
合计																									

会计主管：　　记账：　　出纳：　　复核：　　制单：

附单据　　张

表 8-7

记账凭证

年　月　日　　　　字第　　号

摘要	总账科目	明细科目	借方金额											贷方金额											√
			亿	千	百	十	万	千	百	十	元	角	分	亿	千	百	十	万	千	百	十	元	角	分	
合计																									

会计主管：　　记账：　　出纳：　　复核：　　制单：

附单据　　张

表 8-8

原材料明细账

分页： 总页：

最高存量： 编号： 名称：

最低存量： 储备天数： 存放地点： 计量单位： 规格： 类别：

年		凭证号数		摘要	收入											发出											结存										
					数量	单价	金额									数量	单价	金额									数量	单价	金额								
月	日	字	号				百	十	万	千	百	十	元	角	分			百	十	万	千	百	十	元	角	分			百	十	万	千	百	十	元	角	分

6. 昌盛公司 2019 年 4 月 30 日各账户期末余额见表 8–9。

表 8–9　　昌盛公司 2019 年 4 月各账户期末余额

2019 年 4 月 30 日　　元

账户名称	借方金额	账户名称	贷方金额
库存现金	350	累计折旧	230 500
银行存款	76 700	短期借款	61 000
应收票据	6 500	应付账款	4 050
应收账款	7 000	其他应付款	8 700
其他应收款	750	应付职工薪酬	11 100
原材料	349 800	应交税费	20 650
库存商品	50 400	实收资本	721 000
生产成本	37 000	盈余公积	38 000
固定资产	628 500	本年利润	157 785
利润分配	95 785		
合计	1 252 785	合计	1 252 785

要求：根据上述资料编制资产负债表（见表 8–10）。

表 8–10　　资产负债表（简表）

编制单位：　　年　月　日　　元

资产	期末余额	上年年末余额	负债和所有者权益（或股东权益）	期末余额	上年年末余额
流动资产：			流动负债：		
货币资金		略，下同	短期借款		略，下同
应收票据			应付票据		
应收账款			应付账款		
预付款项			预收款项		
其他应收款			应付职工薪酬		
存货			应交税费		
流动资产合计			其他应付款		
非流动资产：			流动负债合计		
长期应收款			非流动负债：		
长期股权投资			长期借款		
固定资产			非流动负债合计		

续表

资产	期末余额	上年年末余额	负债和所有者权益（或股东权益）	期末余额	上年年末余额
在建工程			负债合计		
无形资产			所有者权益（或股东权益）：		
长期待摊费用			实收资本（或股本）		
非流动资产合计			资本公积		
			减：库存股		
			其他综合收益		
			盈余公积		
			未分配利润		
			所有者权益（或股东权益）合计		
资产总计			负债和所有者权益（或股东权益）总计		

7. 昌盛公司 2019 年 4 月损益类账户的发生额见表 8-11。

表 8-11　　昌盛公司损益类账户发生额

2019 年 4 月　　元

账户名称	本期发生额	
	借方	贷方
主营业务收入	5 000 000	5 000 000
主营业务成本	2 250 000	2 250 000
税金及附加	750 000	750 000
销售费用	550 000	550 000
管理费用	450 000	450 000
财务费用——利息费用	100 000	100 000
其他业务收入	900 000	900 000
其他业务成本	400 000	400 000
投资收益	1 400 000	1 400 000
营业外收入	300 000	300 000
营业外支出	75 000	75 000
所得税费用	996 600	996 600

要求：根据上述资料编制利润表（见表 8-12）。

表 8-12　　　　　　　　　利润表（简表）

编制单位：　　　　　　　　　　年　　月　　　　　　　　　　　元

项目	本期金额	上期金额
一、营业收入		
减：营业成本		
税金及附加		
销售费用		
管理费用		
研发费用		
财务费用		
其中：利息费用		
利息收入		
加：其他收益		
投资收益（损失以“-”号填列）		
二、营业利润（亏损以“-”号填列）		
加：营业外收入		
减：营业外支出		
三、利润总额（亏损总额以“-”号填列）		
减：所得税费用		
四、净利润（净亏损以“-”号填列）		

第九章　会计实务专题

一、填空题

1. 银行结算账户分为____________账户、____________账户、____________账户、____________账户四种。

2. 办理提现业务时，出纳应首先填写____________，再交财务部负责人审核签字。

3. 办理提现业务的最后一步，是由出纳根据财务部负责人审核无误的____________，复核并登记____________和____________。

4. 办理现金送存业务时，出纳应首先清点票币，然后填写____________，最后将二者一并交银行收款。

5. 差旅费报销的主要步骤包括________________、填写借款单、整理报销票据、________________以及领导审批报销。

6. 出差归来整理报销票据时，为便于会计核算和票据保管，需将取得的票据分类整理，按要求粘贴在____________上。

7. 从外部取得的发票须盖有收款单位的________________，方为有效票据。

8. 在填写报销票据时，若票据的金额栏内预印了固定的数位，则书写金额时大写金额首位前一栏空白处应填写符号____________注销，小写金额首位前一栏空白处应填写符号____________封口。

9. 资产负债率 =____________÷____________×100%。

二、判断题（判断正误并在括号内填写"√"或"×"）

1. 存款人在银行可以开设多个基本存款账户。（　　）

2. 企业基本存款账户撤销后可以在另一家银行开立新账户。（　　）

3. 在办理提现业务时，出纳填写现金支票正联及存根，财务部负责人在现金支票正联加盖企业财务专用章，在支票正联背面加盖企业法定代表人章。（　　）

4. 办理提现业务的最后一步，是由出纳根据会计填制的记账凭证，登记银行存款日记账和库存现金日记账。（　　）

5. 在办理现金送存业务时，出纳应清点票币并将其全部送存银行。（　　）

6. 若发现票据开具有误，不必要求开票单位重新填开，可以直接在原始票据上更正。（　　）

7. 报销时，附件不能使用订书钉等易锈蚀金属性物品固定，而应使用胶水粘贴。（ ）

8. 差旅费报销单相关事项及相关人员的签名必须使用黑色墨水钢笔、黑色签字笔或黑色的圆珠笔书写。（ ）

9. 企业的不同利益关系人对资产负债率的要求不一样，在企业正常经营的情况下，债权人希望它越低越好，股东则希望它越高越好，只有经营者对它的要求比较客观。（ ）

10. 流动比率反映企业短期偿债能力，该指标越高越好。（ ）

三、单项选择题

1. 存款人办理日常转账结算和现金收付应通过（ ）账户办理。

A. 基本存款　B. 一般存款
C. 临时存款　D. 专用存款

2. 存款人因临时经营需要应开立（ ）账户。

A. 基本存款　B. 一般存款
C. 临时存款　D. 专用存款

3.（ ）账户可以办理现金缴存，但不得办理现金支取。

A. 基本存款　B. 一般存款
C. 临时存款　D. 专用存款

4. 办理银行结算账户开户手续时，凭相关证件向银行申请开户，需填写（ ）。

A. 开户许可证　B. 开户申请书
C. 印鉴卡　D. 撤销账户申请书

5. 办理提现业务时，出纳应将现金支票（ ）剪下，送交开户银行，办理提现手续。

A. 正联　B. 存根
C. 第一联　D. 第二联

6. 办理转账业务时，出纳应根据经审核的记账凭证登记（ ）。

A. 银行存款日记账　B. 库存现金日记账
C. 明细账　D. 总账

7. 报销时，应将取得的票据整理后附在（ ）的后面。

A. 费用申请单　B. 差旅费借支单
C. 差旅费报销单　D. 票据粘贴单

8. 填写票据时，小写金额为￥105 000.00，则下列大写金额书写正确的是（ ）。

A. 人民币拾万伍仟元整　B. 人民币壹拾万伍仟元整
C. 人民币壹拾万零伍仟元整　D. 人民币壹拾万零伍仟元

9. 下列各项中不属于速动比率考虑的是（ ）。

A. 应收账款　　B. 应收票据
C. 货币资金　　D. 存货

10. 下列各项中不会影响流动比率的是（　　）。
A. 用存款购买原材料　　B. 用现金购买固定资产
C. 用存货进行对外长期投资　　D. 从银行取得长期借款

11. 下列能反映企业长期偿债能力的财务指标是（　　）。
A. 资产负债率　　B. 流动比率
C. 速动比率　　D. 应收账款周转率

12. 下列各项中，企业的（　　）不属于利润表提供的信息。
A. 收入情况　　B. 成本费用支出
C. 获利能力　　D. 偿债能力

四、多项选择题

1. 申请开立基本存款账户时，企业须具备当地工商行政管理部门核发的（　　）。
A. 企业法人营业执照正本　　B. 政府批文
C. 居民身份证和户口簿　　D. 营业执照正本

2. 购入原材料，开出转账支票后，出纳应将（　　）传递给会计填制记账凭证。
A. 转账支票正联　　B. 转账支票存根
C. 增值税专用发票　　D. 入库单

3. 差旅费报销单须经（　　）逐一签字审核，方能报销。
A. 报销人　　B. 部门经理
C. 财务经理　　D. 总经理

4. 下列关于报销票据的要求，说法正确的有（　　）。
A. 报销的企业发票均应套印全国统一发票监制章
B. 报销票据上的合计总价应计算正确，大小写金额应一致
C. 报销票据上所填项目应当清晰可见，不得存在涂改、刮擦的迹象
D. 票据内容应填写齐全，但为简化工作，客户名称可以简称代替

5. 企业资产负债率低说明企业（　　）。
A. 财务风险大　　B. 债务负担重
C. 财务风险小　　D. 债务负担轻

6. 下列能反映企业盈利能力的财务指标有（　　）。
A. 销售净利率　　B. 销售毛利率
C. 资产净利率　　D. 资产负债率

7. 下列关于存货周转率的表述中正确的是（　　）。
A. 存货周转率高，表明存货周转快
B. 存货周转率低，表明存货周转快

C. 存货周转天数多，表明存货周转快

D. 存货周转天数少，表明存货周转快

8. 反映企业资产周转状况的指标有（　　）。

A. 速动比率　　B. 销售净利率

C. 应收账款周转率　　D. 存货周转率

五、名词解释

1. 基本存款账户

2. 一般存款账户

3. 临时存款账户

4. 专用存款账户

5. 资产负债率

6. 流动比率

7. 销售净利率

六、实训题

1. 2019 年 11 月 10 日，北京天昊科技有限公司（开户行为工商银行北京永安里支行，账号为 81451058675081002）向北京市第三运输公司（开户行为工商银行北京海淀支行，账号为 81420452763411443）开出转账支票一张，金额为 2 000 元，用于支付商品运费。请填写一张转账支票（如图 9-1 所示），票号为 23097142，公司财务章、法定代表人李华印章请设计替代品。

中国工商银行
转账支票存根
支票号码 10401110
23097142
科目________
对方科目________
出票日期 年 月 日

收款人：
金额：
用途：
备注：

单位主管： 会计：

本支票付款期限十天

中国工商银行转账支票（京） 10401110
23097142

出票日期（大写） 年 月 日 付款行名称：
收款人： 出票人账号：

人民币（大写）		亿	千	百	十	万	千	百	十	元	角	分

用途________ ....
上列款项请从 对方科目（贷）........
我账户内支付 转账日期
出票人签章 复核 记账

密码						

图 9-1 转账支票

2. 请根据上题的转账支票填写进账单（见表 9-1）。

表 9-1

中国工商银行进账单
年 月 日

<table>
<tr><td rowspan="3">出票人</td><td>全称</td><td colspan="4"></td><td rowspan="3">收款人</td><td>全称</td><td colspan="7"></td></tr>
<tr><td>账号</td><td colspan="4"></td><td>账号</td><td colspan="7"></td></tr>
<tr><td>开户银行</td><td colspan="4"></td><td>开户银行</td><td colspan="7"></td></tr>
<tr><td rowspan="2">金额</td><td rowspan="2" colspan="3">人民币（大写）</td><td>亿</td><td>千</td><td>百</td><td>十</td><td>万</td><td>千</td><td>百</td><td>十</td><td>元</td><td>角</td><td>分</td></tr>
<tr><td></td><td></td><td></td><td></td><td></td><td></td><td></td><td></td><td></td><td></td><td></td></tr>
<tr><td colspan="2">票据种类</td><td></td><td>票据张数</td><td colspan="3"></td><td colspan="8" rowspan="3">开户银行签章</td></tr>
<tr><td colspan="2">票据号码</td><td colspan="5"></td></tr>
<tr><td colspan="7">单位主管： 会计：
复核： 记账：</td></tr>
</table>

3. 嘉禾公司 2019 年 12 月 31 日的利润表和资产负债表分别见表 9-2 和表 9-3，请根据财务报表计算其 2019 年以下各比率指标（计算结果保留 2 位小数）：

（1）资产负债率；（2）流动比率；（3）速动比率；（4）应收账款周转率；（5）存货周转率；（6）销售净利率；（7）销售毛利率；（8）资产净利率。

表 9-2　　利润表

编制单位：嘉禾公司　　2019 年 12 月　　万元

项目	本期金额	上期金额
一、营业收入	53 500	40 580
减：营业成本	31 900	25 500
税金及附加	2 450	1 875
销售费用	1 750	1 575
管理费用	2 750	2 450
研发费用		
财务费用	195	165
其中：利息费用	263	235
利息收入	68	70
加：其他收益		
投资收益（损失以“–”号填列）	350	245
其中：对联营企业和合营企业的投资收益		
以摊余成本计量的金融资产终止确认收益（损失以“–”号填列）		
净敞口套期收益（损失以“–”号填列）		
公允价值变动收益（损失以“–”号填列）	25	15
信用减值损失（损失以“–”号填列）		
资产减值损失（损失以“–”号填列）		
资产处置收益（损失以“–”号填列）		
二、营业利润（亏损以“–”号填列）	14 830	9 275
加：营业外收入	165	195
减：营业外支出	95	120
三、利润总额（亏损总额以“–”号填列）	14 900	9 350
减：所得税费用	4 910	3 110
四、净利润（净亏损以“–”号填列）	9 990	6 240
（一）持续经营净利润（净亏损以“–”号填列）		
（二）终止经营净利润（净亏损以“–”号填列）		
五、其他综合收益的税后净额		
（一）不能重分类进损益的其他综合收益		
（二）将重分类进损益的其他综合收益		
六、综合收益总额		
七、每股收益		
（一）基本每股收益		
（二）稀释每股收益		

备注：假设营业收入均为销售收入，营业成本均为销售成本。

表 9-3　　　　　　　　　　　　　　资产负债表

编制单位：嘉禾公司　　　　　　　　2019 年 12 月 31 日　　　　　　　　　　万元

资产	期末余额	上年年末余额	负债和所有者权益（或股东权益）	期末余额	上年年末余额
流动资产：			流动负债：		
货币资金	5 020	2 850	短期借款	485	650
交易性金融资产	175	425	交易性金融负债		
衍生金融资产			衍生金融负债		
应收票据	80	75	应付票据		
应收账款	3 855	3 500	应付账款	1 295	1 945
应收款项融资			预收款项		
预付款项	810	650	合同负债		
其他应收款			应付职工薪酬	975	585
存货	2 820	2 610	应交税费	2 590	1 620
合同资产			其他应付款		
持有待售资产			持有待售负债		
一年内到期的非流动资产			一年内到期的非流动负债	485	385
其他流动资产			其他流动负债		
流动资产合计	12 790	10 110	流动负债合计	5 830	5 185
非流动资产：			非流动负债：		
债权投资	1 650	975	长期借款	975	650
其他债权投资			应付债券	640	400
长期应收款			其中：优先股		
长期股权投资			永续债		
其他权益工具投资			租赁负债		
其他非流动金融资产			长期应付款		
投资性房地产			预计负债		
固定资产	6 280	5 650	递延收益		
在建工程			递延所得税负债		
生产性生物资产			其他非流动负债		
油气资产			非流动负债合计	1 615	1 050
使用权资产			负债合计		
无形资产	75	90	所有者权益（或股东权益）：		
开发支出			实收资本（或股本）	5 850	4 860
商誉			其他权益工具		

续表

资产	期末余额	上年年末余额	负债和所有者权益（或股东权益）	期末余额	上年年末余额
长期待摊费用			其中：优先股		
递延所得税资产	55	75	永续债		
其他非流动资产			资本公积	2 370	1 560
非流动资产合计	8 060	6 790	减：库存股		
			其他综合收益		
			专项储备		
			盈余公积	3 240	2 595
			未分配利润	1 945	1 650
			所有者权益（或股东权益）合计	13 405	10 665
资产总计	20 850	16 900	负债和所有者权益（或股东权益）总计	20 850	16 900